Schriften zur Ordnungspolitik

Band 1

Herausgegeben vom FRANKFURTER INSTITUT
für wirtschaftspolitische Forschung e. V.,
Kaiser-Friedrich-Promenade 157,
6380 Bad Homburg v. d. H. und seinem
Wissenschaftlichen Beirat, dem KRONBERGER KREIS
(Wolfram Engels, Armin Gutowski, Walter Hamm,
Wernhard Möschel, Wolfgang Stützel,
Carl Christian von Weizsäcker, Hans Willgerodt)

Paul Pütz/Hans Willgerodt

Gleiches Recht für Beteiligungskapital

Vorschläge zur Reform von Unternehmensrecht und Kapitalmarkt

Nomos Verlagsgesellschaft
Baden-Baden

CIP-Kurztitelaufnahme der Deutschen Bibliothek

Pütz, Paul:
Gleiches Recht für Beteiligungskapital: Vorschläge zur Reform von Unternehmensrecht u. Kapitalmarkt / Paul Pütz; Hans Willgerodt. – 1. Aufl. – Baden-Baden: Nomos Verlagsgesellschaft, 1985.
(Schriften zur Ordnungspolitik; Bd. 1)
ISBN 3-7890-1075-8
NE: Willgerodt, Hans; GT

1. Auflage 1985

Inhaltsverzeichnis

I. Mehr Arbeitsplätze durch mehr gewerbliches Eigenkapital

1. *Fehlleitung privater Ersparnisse*

Für die Wiedergewinnung des wirtschaftlichen Gleichgewichts ist Vollbeschäftigung nicht nur im statistischen Sinne erforderlich, wie sie durch Verdrängen der Arbeitswilligen in Pensionierung, Freizeit oder künstliche Verlängerung der Ausbildungszeiten erreicht werden könnte. Vielmehr ist die volle Ausnutzung der Produktionskapazitäten notwendig, um soviel Güter bereitzustellen, wie den jetzigen Einkommensansprüchen entspricht. Hierzu müssen die Arbeitswilligen mit genügend modernem Kapital ausgestattet werden. Schon allein deswegen ist wirtschaftliches Wachstum notwendig.[1] Der vergleichsweise hohe Lebensstandard in der Bundesrepublik Deutschland kann nur aufrecht erhalten bleiben, internationale Verpflichtungen und die gestiegenen Anforderungen an den Umweltschutz können nur erfüllt und die Soziallasten können nur getragen werden, wenn technischer Fortschritt und eine bessere Faktorausstattung zu einer entsprechend hohen Güterproduktion führen. Die demographische Entwicklung wird sich mittel- bis langfristig in einem sinkenden Arbeitskräftepotential niederschlagen. Dadurch werden die Produktionsmöglichkeiten beeinträchtigt, ohne daß die Anforderungen an das Sozialprodukt entsprechend sinken. Denn Alterslasten und feste Kosten der Infrastruktur sowie viele andere Aufwendungen nehmen nicht parallel mit der Erwerbsbevölkerung ab. Die Zukunftsaufgaben können deswegen nur bewältigt werden, wenn die Produktionskapazität zum Ausgleich über eine wesentlich erhöhte Kapitalbildung erweitert wird.

Daß die Kapitalbildung in der Vergangenheit zu wünschen übrig gelassen hat, liegt nicht primär an einer zu hohen Konsumneigung der privaten Haushalte. Im Gegenteil, insbesondere bei Arbeitnehmern hat die wach-

1 Die Bedeutung wirtschaftlichen Wachstums und unternehmerischer Investitionen betont der Sachverständigenrat erneut in seinem Jahresgutachten (Sachverständigenrat zur Begutachtung der gesamtwirtschaftlichen Entwicklung, Jahresgutachten 1983/84, BT-Drucksache 10/669 vom 24. November 1983, Ziff. 275–277, S. 152 f. und Ziff. 332, S. 171).

sende Arbeitslosenzahl und die Furcht vor dem damit verbundenen finanziellen Risiko die Bereitschaft zu einer individuellen Vorsorge gestärkt. Das Zinsniveau hat die Aufnahme von Konsumkrediten zusätzlich eingeschränkt mit der Folge, daß die private Netto-Sparquote seit einigen Jahren in der oberen Hälfte ihres in der Vergangenheit festgestellten Schwankungsbereichs liegt. Das Problem liegt deshalb weniger in der absoluten Höhe der privaten Ersparnis. Sie betrug in den Jahren 1976 bis 1981 insgesamt immerhin gut 580 Mrd. DM.[2] Eine unbefriedigende und auf die Dauer gefährliche Strukturverschiebung zeigt sich aber in der Verwendung dieser Mittel, und zwar in zweifacher Hinsicht:
Zum einen wird ein seit Jahren wachsender Anteil der Ersparnis durch die öffentliche Neuverschuldung aufgesogen. Wenn auch eine eindeutige Abgrenzung nicht möglich ist, so spricht doch vieles dafür, daß nicht unerhebliche Teile der öffentlichen Kreditaufnahme in den Konsum geflossen sind.[3] Dies gilt um so mehr, wenn einbezogen wird, daß eine Vielzahl öffentlicher Ausgaben, die im Haushalt als Sachinvestitionen verbucht werden, keine gesamtwirtschaftliche Rentabilität aufweist. In einem strengen Sinn sind diese Ausgaben als Fehlinvestitionen abzuschreiben und als Verbrauch zu charakterisieren.[4] Das bedeutet, daß die private Ersparnis in einem wachsenden Umfang nicht mehr zur Sachkapitalbildung eingesetzt, sondern indirekt über die öffentlichen Hände konsumiert worden ist. Den Vermögenstiteln der privaten Haushalte fehlt insoweit eine reale Deckung, es handelt sich um Ansprüche an noch zu erbringende eigene Leistungen.[5]
Die durch den erhöhten Staatskonsum ausgelöste Krise der Kapitalbildung wird durch außenwirtschaftliche Datenänderungen verschärft. Veränderungen bei den Rohstoffpreisen und Verschiebungen in den internationalen Konkurrenzverhältnissen erfordern im Inland umfangreiche strukturelle Anpassungen. Unausgelastete Kapazitäten sind heute nicht

2 Sachverständigenrat zur Begutachtung der gesamtwirtschaftlichen Entwicklung, Jahresgutachten 1983/84, a.a.O., Tabelle 29*, S. 319 f.

3 Da im Laufe der 70er Jahre die Nettokreditaufnahme der öffentlichen Haushalte weitaus stärker zugenommen hat als die öffentlichen Sachinvestitionen, kann trotz des Non-Affectations-Prinzips davon ausgegangen werden, daß durch die Verschuldung des Staates vor allem ein Zuwachs des Staatskonsums ermöglicht worden ist. Willgerodt, H., Unsere passive Leistungsbilanz, in: Zeitschrift für Wirtschaftspolitik, 30. Jg. (1981), S. 189–205 (202).

4 Ebenda, S. 201.

5 Willgerodt, H./Pütz, P., Eigenkapitalschwäche, in: trend-Zeitschrift für soziale Marktwirtschaft, Heft 16/1983, S. 45–47 (46).

selten Ausdruck solcher Anpassungsprobleme.[6] Das bedeutet aber letztlich, daß parallel zur eingeschränkten Kapitalneubildung ein erhöhter Abschreibungsbedarf beim vorhandenen Anlagenbestand entstanden ist. Nun könnte eingewandt werden, daß auch nach Abzug der Staatsverschuldung eine Art »Nettoersparnis« übrig geblieben sei. Soweit hiermit erforderliche Sonderabschreibungen auf den Kapitalstock überkompensiert worden sind, sind echte Nettoinvestitionen gegeben. Sieht man davon ab, daß wegen des in der Vergangenheit überproportionalen Anstiegs der Neuverschuldung der öffentlichen Hände die »Nettoersparnis« seit einigen Jahren kontinuierlich abgenommen hat, so zeigt sich in der Art der Verwendung der »Nettoersparnis« eine weitere Strukturverschiebung, deren negative Konsequenzen bereits heute bei den Versuchen zur Wiederbelebung der Wirtschaft deutlich spürbar werden. Der Anteil an der privaten Ersparnis, der *unmittelbar* für die Bildung neuen Sachkapitals verwendet worden ist, hat seit Jahren stark abgenommen. Die privaten Ersparnisse kommen dem Unternehmenssektor nur zu einem geringen Anteil in Form von Risikokapital zugute.[7] Stattdessen wurden die Haushalte überwiegend zu reinen »Geldsparern«, welche nur *indirekt* an der Finanzierung und an den Erträgen des auf der Aktivseite von Unternehmensbilanzen verzeichneten volkswirtschaftlichen Produktivvermögens beteiligt sind.

2. *Eigenkapitalausstattung, Investitionstätigkeit und Beschäftigung*

Das Sparverhalten der privaten Haushalte hat sich deutlich in der Entwicklung der Kapitalstruktur der Unternehmen niedergeschlagen. Die von der Bundesbank ermittelte durchschnittliche Eigenkapitalquote[8] aller deutschen Unternehmen, die im Jahre 1967 noch 30 % ausmachte, ist seit-

6 Sachverständigenrat zur Begutachtung der gesamtwirtschaftlichen Entwicklung, Zur wirtschaftlichen Lage im Oktober 1982, Sondergutachten vom 9. Oktober 1982, Ziff. 23, S. 17.

7 Sachverständigenrat zur Begutachtung der gesamtwirtschaftlichen Entwicklung, Jahresgutachten 1983/84, a.a.O., Ziff. 552, S. 238.

8 Kritisch zur Ermittlung des Eigenkapitals und der Eigenkapitalquote: Moxter, A., Eigenkapitalmessung - Möglichkeiten und Grenzen, in: Eigenkapital und Kapitalmarkt, hrsg. von Bruns, G./Häuser, K., Frankfurt am Main 1978, S. 80–94.

dem kontinuierlich bis auf 20,5 % im Jahre 1981 gesunken.[9] Teilweise wird die tatsächliche Lage über diese Zahlen hinaus noch ungünstiger eingeschätzt, da die Puffer in Form stiller Reserven in den letzten Jahren in vielen Fällen abgebaut worden seien.[10] Diese Entwicklung hat die Risikoanfälligkeit deutscher Unternehmen in wachstumsschwachen Jahren außerordentlich erhöht, was durch den sprunghaften Anstieg der Insolvenzziffern im Jahre 1982 bestätigt wird.[11]

Wenn es auch unter wirklichkeitsfremden Annahmen theoretisch diskutiert wird,[12] so ist doch für Normalbedingungen unbestritten, daß das für Investitionen notwendige Kapital nicht ausschließlich durch Fremdkapitalgeber mit Anspruch auf feste Entlohnung aufgebracht werden kann. Dies gilt um so mehr, als in der Vergangenheit die Investitionsrisiken erheblich zugenommen haben, zum einen wegen schneller wechselnder Konsumgewohnheiten, was den Produktlebenszyklus verkürzt, zum anderen wegen vielfältiger Rechtsnormen, die notwendige betriebliche Anpassungen im Faktorbereich verhindern oder zumindest hinauszögern.[13] Je höher das mit Investitionen verbundene Risiko, um so weniger kann das Ergebnis der unternehmerischen Betätigung ex ante quantifiziert werden und um so weniger ist eine Investition ausschließlich über Fremdkapital finanzierbar. Der Gewinn bleibt immer nur ein nicht sicher kalkulierbares Residuum. Deshalb sind risikotragende Eigenmittel des oder der Inhaber einer Unternehmung unverzichtbar.[14]

9 Deutsche Bundesbank, Jahresabschlüsse der Unternehmen in der Bundesrepublik Deutschland 1965 bis 1976, Sonderdrucke der Deutschen Bundesbank Nr. 5, 2. Aufl., 1978, S. 9, sowie Deutsche Bundesbank, Ertragslage und Finanzierungsverhältnisse der Unternehmen im Jahre 1981, in: Monatsberichte der Deutschen Bundesbank, 34. Jg., Nov. 1982, S. 14–25 (20).

10 Seipp, W., Das Interesse der Banken an einer soliden Eigenkapitalausstattung der Unternehmen, in: trend-Zeitschrift für Soziale Marktwirtschaft, Heft 16/1983, S. 12–17 (16).

11 Von 6315 im Jahre 1980 stieg die Zahl der Unternehmensinsolvenzen über 8494 in 1981 auf 11 653 im Jahre 1982. Vgl. Angele, J., Zahlungsschwierigkeiten 1982, in: Wirtschaft und Statistik, Heft 2/1983, S. 87–90. Im Jahre 1983 konnte der Anstieg der Insolvenzzahlen abgebremst werden.

12 Vgl. z. B. Swoboda, P., Art »Finanzierung I: Theorie«, in: HdWW, 26./27. Lieferung, Stuttgart/Tübingen/Göttingen 1980, S. 18–31.

13 Weitere Argumente gegen eine totale Fremdfinanzierung diskutiert Büschgen, H. E., Liegt der optimale Verschuldungsgrad bei 100 %?, in: Zeitschrift für Betriebswirtschaft, 48. Jg. (1978), S. 999–1006.

14 Im anderen Fall, also bei einer so starken Fremdkapitalfinanzierung, daß die Sicherheit der aufgenommenen Kredite nicht mehr gewährleistet ist, müßte faktisch das Investitionsrisiko von Gläubigern übernommen werden, die dies eigentlich nicht beabsichtigt hatten. Die zunehmende Tendenz großer Kapitalsammelstellen, sich mit sehr großen Fremdkapitalbeträgen in riskanten Anlagen zu engagieren, zeigt eine Verzerrung des Kapitalmarktes an; die Kreditinstitute hoffen, durch Streuung die entstehenden Verluste

Für eine nachhaltige Belebung der Wirtschaft kommt es darauf an, daß Unternehmen wieder stärker investieren. Mit neuen Investitionen müssen mehr neue Arbeitsplätze geschaffen werden als durch Anpassung und technischen Fortschritt aufgegeben werden. Denn es lohnt nicht, unwirtschaftlich gewordene Arbeitsplätze mit Dauersubventionen zu erhalten. Die dort Beschäftigten kosten mehr, als sie leisten. Dafür müssen die wirtschaftlich gesunden Teile der Wirtschaft aufkommen und höhere Abgaben zahlen. Das hindert sie daran, wettbewerbsfähige Arbeitsplätze zu sichern und zusätzliche Arbeitsplätze zu schaffen.

An diesem Zusammenhang führen auch Beschäftigungsprogramme mit höheren Staatsausgaben nicht vorbei. Denn neue Steuern zu ihrer Finanzierung vernichten in der belasteten Wirtschaft wahrscheinlich mehr Arbeitsplätze als beim Staat geschaffen werden; noch mehr Staatsverschuldung würde den Staatshaushalt vollends aus dem Gleichgewicht bringen und das Kapital in weniger produktive Verwendungen lenken; eine Finanzierung über Geldvermehrung würde Inflationserwartungen steigern und Lohnforderungen auslösen, die mit hoher Beschäftigung unvereinbar

auffangen und sozusagen intern sozialisieren zu können, indem die bewußt in Kauf genommenen Verluste letztlich von den guten Schuldnern in Gestalt höherer Sollzinsen und von den Einlegern in Gestalt niedriger und nicht selten real sogar negativer Habenzinsen aufgefangen werden müssen. In oft willkürlicher Weise wird hier von Fremdkapitaldisponenten Eigenkapitalfunktion übernommen, deren rechtliche und tatsächliche Struktur undurchsichtig bleibt. Im übrigen besteht bei großen Fremdkapitalengagements, etwa Ostkrediten oder Stützungen durch »Hausbanken«, die Hoffnung auf Hilfe durch den Staat oder die Notenbank. Damit würde das Haftungsprinzip endgültig durchbrochen und die unternehmerische Dispositionsbefugnis in Frage gestellt, weil die Wirkung von Fehlentscheidungen auf Dritte gegen deren Willen abgewälzt würde. Das Haftungsprinzip beruht jedoch nicht zuletzt auf der Erwägung, daß unternehmerische Entscheidungen nicht als reine Lotterie mit voll berechenbarer Wahrscheinlichkeit oder als Handeln unter totaler Unsicherheit anzusehen sind, sondern daß der Unternehmer teilweise über richtige Informationen für seine Planungen verfügt und außerdem in der Lage ist, auf sich verändernde Signale zweckmäßig zu reagieren, so daß ihm zur Last gelegt werden kann, wenn er dies unterläßt. Dies spricht im übrigen auch gegen ein System allgemeiner versicherungsähnlicher Insolvenzsicherung, da es die unternehmerische Verantwortungslosigkeit fördern könnte. Fehlallokationen wären die Folge. Unternehmerische Betätigung in Form eines – allerdings utopischen – vollständigen Leasingsystems mit jederzeitiger Möglichkeit zur Freisetzung aller Faktoren würde den Unternehmer ebenfalls von eigenem Risiko (mit Ausnahme der Verwendung seiner eigenen Arbeitskraft) befreien. Das wäre ebenfalls problematisch, würde aber mindestens voraussetzen, daß diejenigen, die die Faktoren zur Verfügung stellen, sich vorher vertraglich damit einverstanden erklären. Bei Einlegern der Kapitalsammelstellen kann ein solches Einverständnis kaum fingiert werden und es ist für den Steuerzahler schlicht als nicht bestehend anzusehen. Die zahllosen Staatsbürgschaften, die heute schon gewährt worden sind, mögen mehr oder weniger noch im Randbereich der Legalität angesiedelt werden, eine echte Legitimität, verliehen durch den Steuerzahler, besteht nicht.

sind. Also müssen Investitionen der Unternehmungen ohne wachsende Inflationsraten den Hauptbeitrag zur Bekämpfung der Arbeitslosigkeit leisten.

Arbeitsplätze entstehen, wenn neue Unternehmungen gegründet und alte Unternehmungen erweitert werden. Dazu muß Kapital beschafft werden. Ein Angebot an verzinslichen Krediten reicht dafür jedoch nicht aus. Denn Neugründungen erfordern in erster Linie ausreichendes Eigenkapital. Aber auch schon bestehende Unternehmungen müssen ihr Eigenkapital erhöhen, wenn sie ihre Kapazität durch Neuinvestitionen wesentlich erweitern; ohne diese Sicherung könnten sie nicht die notwendigen Risiken eingehen und wären dafür auch nicht ausreichend kreditwürdig. Das gleiche gilt, wenn der Wettbewerb den Übergang zu kapitalintensiveren Verfahren erfordert und hierfür neues Kapital aufgenommen werden muß. Die Grenzen der Fremdfinanzierung werden heute durch das Verhalten vieler Unternehmen bestätigt, die der Kapitalkonsolidierung Vorrang vor neuen Investitionen einräumen. Die Krise der Unternehmensfinanzierung ist somit in weiten Bereichen nur Ausdruck einer mangelnden Eigenkapitalversorgung von Unternehmen und potentiellen Unternehmensgründern.[15] Die volkswirtschaftliche Summe an Eigenkapital muß wachsen, damit Neuinvestitionen möglich werden und neue Arbeitsplätze entstehen.[16]

15 Als wichtige Voraussetzung für eine Erholung der Wirtschaft und für den Weg aus der Krise wird von vielen Seiten die Stärkung der Eigenkapitalbasis hervorgehoben. So zum Beispiel auch von Schlesinger, H., Wenn Unternehmen an Auszehrung leiden – Mehr Risikokapital ist notwendig, in: FAZ, Nr. 269 vom 20. Nov. 1982, S. 15.

16 Die verbreitete These der mangelnden Eigenkapitalausstattung deutscher Unternehmen oder die Klagen über eine »Eigenkapitallücke« sind in jüngerer Zeit mehrfach kritisiert worden. Vgl. z. B. Flassbeck, H./Koll, W., Kapital und Rendite, in: Wirtschaftswoche, Heft 21/1983, S. 72–78 und Thormatzlen, T./Mischalk, J., Leiden die deutschen Unternehmen an mangelnder Eigenkapitalausstattung?, in: Wirtschaftsdienst, Heft 2/1983. Es ist tatsächlich vordergründig, allein aus der Entwicklung der sogenannten Eigenkapitalquote der Unternehmen allgemeine Schlüsse über die Lage der Wirtschaft zu ziehen. Hier können sehr unterschiedliche Ursachen gegeben sein. Weder die Quote des Eigenkapitals an der Bilanzsumme noch die Eigenkapitaldeckung des Sachvermögens können für sich allein etwas über die gesamtwirtschaftliche Situation aussagen. Aber es dürfte zu weit gehen, diesen Quoten jeden gesamtwirtschaftlichen Aussagewert abzusprechen. Sinkende Eigenkapitalquoten bei sinkenden Investitionen sind ein Problem ersten Ranges. Vgl. Willgerodt, H./Pütz, P., Eigenkapitalschwäche, a.a.O., S. 45 f.

3. *Die Rahmenbedingungen für die Beteiligungsfinanzierung müssen verbessert werden*

Das Faktorentgelt für unternehmerische Leistungen, und hierzu zählt auch die Bereitstellung von voraushaftendem Risikokapital, ist primär Ergebnis eines Marktprozesses. Es ist deshalb ordnungspolitisch nicht vertretbar und gesamtwirtschaftlich zumindest auf die Dauer auch kaum möglich, Investitionen über generelle Subventionen künstlich rentabel zu machen und damit nachhaltig das Investitionsvolumen zu erhöhen. Denn dieselben Faktoren, die heute für eine nicht ausreichende Rentabilität der Investitionen gesorgt haben, würden weiterhin wirksam bleiben. Sie würden dafür sorgen, daß eine wirkliche Entlastung der Unternehmungen nicht zustande kommt, sondern ihnen höchstens ein Teil der Steuerlast wieder abgenommen wird, die man ihnen zunächst zur Finanzierung der Investitionsförderung auferlegen müßte.
So sehr hier demnach Abstinenz zu üben ist, so sehr ist es auf der anderen Seite notwendig, wirtschaftliche und rechtliche Rahmenbedingungen zu schaffen, die die gesamtwirtschaftlich notwendigen Investitionen möglichst wenig behindern. Ein Programm zur Wiederbelebung der Wirtschaft muß deshalb sowohl eine Reduktion der Staatsverschuldung im Auge haben, welche derzeit die Bildung neuen produktiven Sachkapitals stark beschränkt, als auch die Beseitigung der vielfältigen rechtlich-institutionellen Mobilitätsbarrieren, die notwendige Strukturanpassungen wenn nicht verhindern, so doch zumindest unter erheblichen Effizienzverlusten hinauszögern. Der hohen Arbeitslosigkeit, die ein eher strukturelles und kein vorrangig konjunkturelles Problem darstellt, kann wirksam nur begegnet werden, wenn Wirtschaftspolitiker bereit sind, im gesamtwirtschaftlichen Interesse auch radikale Neuerungen durchzusetzen, selbst wenn mächtige Interessengruppen dagegen opponieren.

a) *Die Diskriminierung des Beteiligungssparens privater Haushalte*

Im Mittelpunkt von Reformen im Unternehmensrecht, mit denen die Investitionsmöglichkeiten von Unternehmen erweitert werden sollen, muß eine Verbesserung der Möglichkeiten, aber auch der Bereitschaft zur Beteiligungsfinanzierung stehen.[17] Ohne wettbewerbspolitisch unerwünschte Konzentrationstendenzen und ohne Verstoß gegen wenig streitige verteilungspolitische Grundziele ist eine nachhaltige Verbesserung der Eigenkapitalversorgung deutscher Unternehmen nur möglich, wenn in stärkerem Maße als bisher private Haushalte ihre Ersparnisse als Risikokapital in eigenen oder fremden Unternehmen anlegen.[18] Daß von einer breiten Streuung des sogenannten »Produktivvermögens« zudem nicht nur wachstums- und beschäftigungsbelebende Impulse ausgehen, sondern daß damit gleichzeitig eine Entschärfung des angeblichen Interessengegensatzes zwischen Kapital und Arbeit einhergeht,[19] ist ein nicht unwichtiger Nebeneffekt.

Wenn die privaten Haushalte in der Vergangenheit weitreichende Zurückhaltung beim Erwerb öffentlich angebotener Risikopapiere geübt haben, so spiegeln sich darin durchaus rationale Entscheidungen wider. Sparer sind empfindlich. Sie vermeiden Anlagen, bei denen sie schlecht behandelt werden. Die Eigentümer von Beteiligungstiteln gewerblicher Unternehmen werden heute in vieler Hinsicht diskriminiert. Sie haben steuerliche Sonderbelastungen hinzunehmen und sind Steuertechniken ausgesetzt, die im Vergleich zu anderen Sparformen aufwendiger sind und für eine strengere Erfassung sorgen.[20] Wenn das Bau- und Versicherungssparen gleichzeitig besondere Steuerbegünstigungen ausnutzen kann, werden die Haushalte vom Erwerb von Beteiligungstiteln abgehalten. Dies gilt vor allem dann, wenn die Verzinsung von Fremdkapitaltiteln über die Rendite des Eigenkapitals steigt.

17 Dabei dürfen die Finanzierungsnachteile von Unternehmens*gründern* gegenüber etablierten Unternehmen nicht weiter verstärkt werden. Es ist anzustreben, ökonomisch nicht gerechtfertigte Diskriminierungen des Newcomers bei der Kapitalbeschaffung abzubauen.

18 Bereits 1966 hat Stützel als zentrale Aufgabe herausgestellt, wegen wachsender Massenersparnis die Beteiligungsfinanzierung, den Beteiligungsverkehr und das Beteiligungssparen besser zu ordnen. Nur so könnten unerträglich hohe Verschuldungspositionen verhindert werden.
Stützel, W., Steuersystem und Kapitalverkehr, in: Die Aussprache, 16. Jg. (1966), S. 135–143 (143).

19 Vgl. Willgerodt, H., Von der Macht des Kapitals – Mythen und Wirklichkeit, in: Christian Watrin, Hans Willgerodt (Hrsg.), Widersprüche der Kapitalismuskritik, Bern und Stuttgart 1976, S. 11–59.

20 Wenn das Thema in der politischen Diskussion auch wieder zurückgedrängt worden ist, so gilt doch unverändert: »Daß es in der Bundesrepublik keine Quellensteuer auf festverzinsliche Kapitalanlagen gibt, benachteiligt faktisch die Aktie.« Schmidt, R., Rendite und Mitspracherecht müssen stimmen, in: Handelsblatt, Nr. 69 vom 5. April 1984, S. B 1.

Die unzureichende Eigenkapitalversorgung deutscher Unternehmen einerseits und die mangelnde Beteiligung breiter Bevölkerungsschichten am sogenannten »Produktivvermögen« andererseits werden seit Jahren beklagt. In diese Richtung zielende vermögenspolitische Initiativen vor allem zu Beginn der siebziger Jahre sind jedoch, sieht man einmal vom Vordringen der Belegschaftsaktie ab, nahezu ausnahmslos im Sande verlaufen. Angesichts knapper öffentlicher Kassen und der Notwendigkeit, private Ersparnisse zur Belebung des Wachstums zu mobilisieren, erleben zwar verschiedene Vorschläge heute eine Renaissance. Der allgemeine Subventionsabbau macht jedoch an der Sparförderung nicht halt. Es wird versucht, aus der Not eine Tugend zu machen, indem die bisher undifferenzierte Sparförderung abgebaut wird zugunsten einer stärkeren Förderung unmittelbarer Beteiligungen am Produktivkapital der Wirtschaft.[21] Sieht man von strukturellen Mängeln im Detail der bisher realisierten Umstellung ab,[22] so muß – ohne hier ein abschließendes Gesamturteil fällen zu wollen – vor allem ein Negativum festgehalten werden, das mit der speziellen Ausrichtung auf Beteiligungskapital deutlich zu Tage tritt. Gemeint ist die leider »bewährte« Vorgehensweise, Fehlentwicklungen wegen einer bestimmten Intervention durch Sekundärinterventionen aufheben zu wollen, anstatt die ursprüngliche Intervention zu korrigieren.
Vor einer zwar möglicherweise noch marktkonformen, aber doch dirigistischen Lenkung der privaten Ersparnis in bestimmte Verwendungen sollte geprüft werden, ob der gewünschte Zufluß von Mitteln nicht durch vielfältige Hindernisse unnötig erschwert wird. Nicht zuletzt die öffentliche Sparförderung dürfte in der Vergangenheit wesentlich zur Strukturverzerrung zu Lasten des gewerblichen Risikokapitals beigetragen haben. Ein von allgemeinen Steuerentlastungen begleiteter Abbau der bestehenden Förderung würde in die gleiche Richtung wie neue Subventionen für Beteiligungskapital wirken, würde aber gleichzeitig eine erneute Aufblä-

21 Graf Lambsdorff, O., Die Bedeutung der Aktie als Finanzierungsinstrument für die Wirtschaft, in: Zeitschrift für Unternehmens- und Gesellschaftsrecht, 10. Jg. (1981), S. 1–16 (9).

22 Insbesondere der Kreis *potentieller* Unternehmensgründer bleibt bei der Sparförderung unberücksichtigt, womit der Markteintritt eines Newcomers erneut erschwert wird. Die bundeseinheitliche Förderung des »Gründungssparens«, das heißt die Ansammlung von Geldvermögen mit der Verpflichtung, es bei einer Unternehmensgründung einzusetzen, wird deshalb von verschiedenen Seiten mit Nachdruck gefordert. Vgl. Pütz, P./Meyerhöfer, W., Hemmnisse und Hilfen für Unternehmensgründungen, in: Untersuchungen des Instituts für Wirtschaftspolitik an der Universität zu Köln, Nr. 52, Köln 1982, S. 346, 410–416 sowie Albach, H., Zur Versorgung der deutschen Wirtschaft mit Risikokapital, Bonn 1983, S. 118 f.

hung der administrativen Anforderungen vermeiden. Von der Entregulierung können im Gegenteil Verwaltungsvereinfachungen erwartet werden, die neben den ersparten Subventionen die öffentlichen Haushalte zusätzlich entlasten würden.

b) *Die Diskriminierung der Investitionsfinanzierung über Eigenkapital*

Wie private Haushalte beim Erwerb von Beteiligungstiteln diskriminiert werden, so ist auch für Unternehmen die Eigenkapitalfinanzierung wenig interessant, soweit die Mittel am Kapitalmarkt aufgenommen werden. Es handelt sich um eine vergleichsweise teuere Art der Investitionsfinanzierung; denn das Eigenkapital ist durch zahlreiche Sondersteuern belastet, etwa die Gewerbesteuer, bei Kapitalgesellschaften die Vermögensteuer, die Gesellschaftsteuer und die Körperschaftsteuer, soweit sie den Durchschnittsteuersatz der Anteilseigner übersteigt. Letztlich treffen alle wirtschafts- und sozialpolitischen Verpflichtungen, Belastungen und Abgaben, die den Unternehmungen auferlegt sind, immer dann das Eigenkapital, wenn eine Abwälzung auf die Marktpartner nicht gelingt. Eine Überwälzung auf die Nachfrager ist erschwert, wenn die Geldpolitik eine Inflationsbeschleunigung nicht zuläßt; eine Rückwälzung auf die Anbieter der Produktionsfaktoren stößt vor allem auf den Widerstand der Gewerkschaften und kann wegen des internationalen Zinsverbundes und der Ausweichmöglichkeiten des Kapitals auch kaum zu Lasten der Fremdkapitalgeber gelingen.
Der oft vorgeschlagene Weg, der Diskriminierung der Eigenkapitalfinanzierung durch eine künstliche Förderung der Selbstfinanzierung aus einbehaltenen Gewinnen entgegenzuwirken, verspricht keinen Erfolg. Im Gegenteil: Werden die Steuern auf den einbehaltenen Gewinn gesenkt und auf den ausgeschütteten Gewinn stark angehoben, dann wird das in den Unternehmen gebundene Eigenkapital gleichsam als Geisel genommen.[23] Solche erzwungene Selbstfinanzierung setzt hohe Gewinne und günstige Erwartungen voraus, außerdem die Hoffnung, später doch einmal zu höheren Ausschüttungen zu kommen. Das Kapital würde nicht über den Kapitalmarkt dem Test der rationellsten Verwendung unterworfen werden, sondern in den vorhandenen Unternehmungen künstlich festgehalten. Fehlinvestitionen würden gefördert, der Kapitalmarkt würde gestört und

23 Vgl. Willgerodt, H./Pütz, P., Eigenkapitalschwäche, a.a.O., S. 46.

die Beteiligung breiter Schichten an den Unternehmungen behindert. Diese Politik würde mehr Neugründungen abschrecken als neues Kapital erschließen. Zudem würde die Konzentration gefördert werden.

c) *Das überhöhte Eigenkapitalrisiko*

Nicht nur die fiskalischen und sozialpolitischen Sonderbelastungen des gewerblichen Eigenkapitals sind kontinuierlich angestiegen, sondern auch die mit dieser Vermögensart verbundenen Risiken. Das Eigenkapital erhält jedoch im Durchschnitt keine ausreichend hohe Risikoprämie, um soviel Beteiligungskapital zusätzlich zu mobilisieren, daß die notwendigen Neuinvestitionen zustande kommen.
Einer der größten Risikofaktoren für die Unternehmungen ist der Staat geworden. Die Wirtschafts-, Finanz- und Sozialpolitik sind kaum noch berechenbar. Hektische, am Tagesgeschehen ausgerichtete Einzelmaßnahmen ohne erkennbare Gesamtkonzeption haben dazu geführt, daß vor allem längerfristige Investitionen nicht mehr genügend sicher zu kalkulieren sind. Ein Federstrich öffentlicher Instanzen und zahlreiche Investitionspläne werden zu Makulatur. Dem erhöhten Risiko hat in der Vergangenheit keine ausreichend höhere Nettoverzinsung als Risikoprämie gegenübergestanden. Die Folge war allgemeine Zurückhaltung der Anleger bei allen Formen von Eigenkapital, außerdem eine Tendenz zur Steigerung von Risikoprämien und, wenn diese Tendenz von Regierung und Tarifpartnern unterdrückt wurde, Investitionsscheu und Arbeitslosigkeit.[24]
Solche Nachteile könnten teilweise von den Tarifpartnern ausgeglichen werden. Die Lohnkosten müßten so stark sinken, daß die Gewinne wieder eine ausreichende Risikoprämie enthalten. Dafür kommt es nicht nur auf ein besseres Augenmaß bei der Steigerung von Lohnsätzen an. Auch die Lohnnebenkosten müssen sich nach den wirtschaftlichen Bedingungen für höhere Beschäftigung richten. Entscheidend ist schließlich die Lohnstruktur in Verbindung mit vielen Maßnahmen, durch die Leistung fiskalisch und sozialpolitisch bestraft wird und notwendige Umstellungen behindert oder verteuert werden.
Bleiben Staat und Gewerkschaften uneinsichtig, dann wird die Vermeh-

24 Den Zusammenhang diskutiert Willgerodt, H., Flucht vor der Verantwortung und Elitenverschleiß als mögliche Gefahren für die Soziale Marktwirtschaft, in: Wirtschaftspolitische Chronik (jetzt: Zeitschrift für Wirtschaftspolitik), 15. Jg. (1966), S. 135–158.

rung des Eigenkapitals teuer. Was an Vernunft bei den ordnungs- und kostenpolitischen Rahmenbedingungen fehlt, versucht man in diesem Falle mit komplizierten Steuervergünstigungen, Subventionen und Schutz vor Wettbewerb auszugleichen. Denn eines ist sicher: Um genügend Eigenkapital zu erhalten, ist ihm die Risikoprämie zu gewähren, die es unter solchen Bedingungen verlangt.

Wer an Risikoprämien in einer Höhe, die dem gestiegenen Investitionsrisiko entspricht, Anstoß nimmt, muß dafür sorgen, daß das Risiko herabgesetzt wird. Dies kann in erster Linie dadurch geschehen, daß die Wirtschafts-, Finanz- und Sozialpolitik wieder berechenbarer werden. Nur dann besteht Aussicht, daß genügend Risikokapital zufließt und die durchschnittliche Gewinnrate niedriger sein kann. Zugleich kann das Verschuldungsrisiko abnehmen, so daß der für Investitionen notwendige Eigenkapitalanteil kleiner wird. Denn die Gefahr von Verlusten sinkt, wenn das Investitionsrisiko geringer wird, weil die staatlichen und sozialpolitischen Daten stabiler werden. Infolgedessen können auf der Grundlage eines gegebenen Eigenkapitals mehr Kredite aufgenommen und zusätzliche Investitionen finanziert werden, ohne daß die Gefahr von Fehlinvestitionen wächst.

Bei herabgesetztem Risiko werden auch Sparer, die weniger risikofreudig sind, für die Beteiligungsfinanzierung zu gewinnen sein. Dies gilt nicht zuletzt für Arbeitnehmer, ohne deren Beteiligung am haftenden Kapital die moderne Wirtschaft auf die Dauer nicht zu finanzieren ist. Eine Insolvenzsicherung für von Arbeitnehmern erworbene Beteiligungstitel, wie verschiedene Vermögensbildungspläne sie vorsehen,[25] wird überflüssig, wenn unmittelbar die Ursachen für das erhöhte Risiko beseitigt werden und damit das Beteiligungsrisiko wieder an das nicht aufzuhebende Marktrisiko angenähert wird. Ein erhöhtes Angebot an Beteiligungskapital und ein weniger stark zunehmender Bedarf an Eigenkapital erleichtern und verbilligen seine Beschaffung. Damit kann die Investitionstätigkeit belebt werden, die im Kampf gegen die Arbeitslosigkeit notwendig ist.

Die notwendige Verbesserung der Eigenkapitalversorgung von Unternehmen sollte deshalb vor allem über Änderungen im Ordnungsrahmen angestrebt werden. Es ist nach rechtlich-institutionellen Änderungen zu suchen, durch die die Funktionsfähigkeit des Marktes für Beteiligungskapital gesteigert werden könnte. Dabei steht eine Senkung der Transaktionskosten beim Beteiligungserwerb im Vordergrund. Ferner sind Möglich-

25 Vgl. Breuel, B., Vermögensbildung der Arbeitnehmer setzt Wahlfreiheit voraus, in: FAZ, Nr. 119 vom 25. Mai 1983, S. 14.

keiten zum Abbau von Diskriminierungen des Eigenkapitals zu prüfen. Denn es ist einerseits der Anreiz zum Erwerb von Beteiligungstiteln zu stärken, andererseits muß auch die Bereitschaft potentieller Investoren erhöht werden, zusätzliche Investitionen über die Aufnahme von Beteiligungskapital zu finanzieren.

II. Der Markt für Beteiligungskapital

Der Markt für Beteiligungskapital, soweit ein solcher in der Bundesrepublik Deutschland überhaupt existiert, kommt seiner Funktion, private Sparer und Investoren zusammenzuführen, nur noch unzureichend nach. Selbst sehr große Unternehmen in der Rechtsform der Aktiengesellschaft, denen prinzipiell der Zugang zur Börse offen steht, nehmen diese Möglichkeit zur Verbreiterung ihrer Eigenkapitalbasis nur in einem äußerst geringen Umfang in Anspruch. Nach Angaben der Bundesbank machte die Mittelaufnahme am Aktienmarkt bei den nichtfinanziellen Unternehmen (ohne Wohnungsbau) im Jahre 1981 nur rund 5 % ihrer Außenfinanzierung aus.[1] Der Anstieg auf 7 1/2 % im Jahre 1983 bedeutet noch keine grundlegende Änderung.[2] Der weit überwiegende Teil deutscher Aktiengesellschaften hat bisher völlig auf die Börsenzulassung der Aktien verzichtet.[3]

Angesichts dieser Entwicklung wird seit einigen Jahren verstärkt eine »Renaissance der Aktie« gefordert.[4] Es wird darauf verwiesen, daß die klassische Aufgabe der Aktie gerade darin liege, die Ersparnisse zahlreicher privater Haushalte unbefristet in unternehmerisches Eigenkapital zu transformieren.[5] Wenn dieser historische Ansatz prinzipiell auch richtig sein mag, so ist damit noch nicht gerechtfertigt, daß allein für Aktienge-

1 Deutsche Bundesbank, Geschäftsbericht der Deutschen Bundesbank für das Jahr 1981, Frankfurt am Main 1982, S. 32. Vom gesamten privaten Geldvermögen entfielen Ende 1982 weniger als 4 % auf die Summe aller Aktien zum Kurswert. Vgl. auch Rentrop, F., Aktiengesellschaft noch immer außer Dienst?, in: Der Selbständige, Heft 9/10 1983, S. 2 und 5.

2 Deutsche Bundesbank, Der Aktienmarkt in der Bundesrepublik Deutschland und seine Entwicklungsmöglichkeiten, Monatsberichte der Deutschen Bundesbank, April 1984, S. 12.

3 Die Zahl börsennotierter Aktiengesellschaften ist seit Bestehen der Bundesrepublik Deutschland kontinuierlich gesunken. Zum 31. Dez. 1983 wurden nur 442 von 2132 deutschen Aktiengesellschaften an der Börse notiert. (Quelle: Monatsberichte der Deutschen Bundesbank, April 1984, S. 15, Angaben z. T. geschätzt). Ob mit der Zulassungswelle in 1984 eine Trendwende eingeläutet wurde, muß abgewartet werden.

4 Schwilling, W., Renaissance der Aktie? – Aus der Sicht des Anlegers, in: Unternehmensfinanzierung heute – Neue Chance für die Aktie, hrsg. von Mühlhaupt, L./Wielens, H., Frankfurt 1978, S. 36–42.

5 Stützel, W., Die Aktie und die volkswirtschaftliche Risiken-Allokation, in: Geld und Versicherung, Festgabe für Wilhelm Seuss, hrsg. von Jung, M./Lucius, R.-R./Seifert, W. G., Karlsruhe 1981, S. 193–211.

sellschaften die Möglichkeiten zur Aufnahme von Beteiligungskapital verbessert werden sollen. Aktienrechtliche Vereinfachungen würden nur die ökonomische Mindestunternehmensgröße senken, bei der die Organisationsform der Aktiengesellschaft rentabel zu werden beginnt. Für die große Zahl kleiner und mittlerer Unternehmen, die diese Mindestunternehmensgröße nicht erreichen, bliebe der Zugang zur Beteiligungsfinanzierung aber weiterhin praktisch verbaut. Auch für Unternehmen, die die Mindestunternehmensgröße überschritten haben, die aber wegen (aus politischen Gründen) nicht abbaubaren, negativen Merkmalsausprägungen der Aktiengesellschaft vor der Umwandlung in diese Rechtsform zurückschrecken, bliebe der Zugang zur behördlich organisierten Börse versperrt. Die Folge wäre, daß die wirtschaftspolitisch erwünschte stärkere Ausrichtung der Anlagewünsche privater Haushalte auf den Erwerb von Beteiligungskapital dann primär Aktiengesellschaften zugute kommen würde, da die Emission breit gestreuter Beteiligungswerte personenbezogener Unternehmen heute faktisch durch Gesellschafts- und Steuerrecht behindert wird. Die geforderte Neuorientierung würde folglich auf der anderen Seite die Möglichkeiten der Investitionsfinanzierung durch kleine und mittlere Unternehmen einschränken.[6]

Um diese unerwünschte Strukturverschiebung zu vermeiden, ist es nur folgerichtig, wenn der Sachverständigenrat zur Begutachtung der gesamtwirtschaftlichen Entwicklung im Jahresgutachten 1979/80 zwei Wege genannt hat, auf denen die Hürden gesenkt werden können, die der Aufnahme von Beteiligungskapital entgegenstehen. Neben einem erleichterten Zugang zur Rechtsform der Aktiengesellschaft, durch den die Vorteile der Aktie einer breiteren Schicht von Unternehmen nutzbar gemacht werden könnten, ist auch bei Unternehmen anderer Rechtsform denkbar, den Ein- und Austritt von Gesellschaftern zu erleichtern.[7] Beteiligungstitel sind für Anleger weniger riskant, wenn sie auf großen und stabilen Märkten leicht verkauft werden können. Dazu muß aber auch der Kauf solcher Titel ebenso leicht möglich sein. Denn ohne leichten Erwerb gibt es keinen leichten Verkauf. Soweit durch den Abbau gesetzlicher Erschwernisse beim Gesellschafterwechsel die Fungibilität von Anteilsrechten an Nicht-Aktiengesellschaften erhöht werden kann, ohne übergeordnete Ziele zu

6 Vgl. Schillert, U./Molsberger, J., Vermögenspolitik und Eigenkapitalversorgung mittelständischer Unternehmen, in: Untersuchungen des Instituts für Wirtschaftspolitik an der Universität zu Köln, Nr. 36, Köln 1976, S. 90.

7 Sachverständigenrat zur Begutachtung der gesamtwirtschaftlichen Entwicklung, Jahresgutachten 1979/80, BT-Drucksache 8/2313 vom 23. November 1978, Ziff. 367, S. 151.

verletzen, würde die Bildung eines funktionsfähigen Marktes auch für solche Eigenkapitalanteile begünstigt. Um die Aufnahme von Beteiligungskapital in einem möglichst weiten Umfang wirksam zu vereinfachen und vielfach behauptete Nachteile kleiner und mittlerer Unternehmen bei der Aufnahme von Beteiligungskapital zumindest abzuschwächen, darf deshalb nicht ausschließlich auf eine »Renaissance der Aktie« hingearbeitet werden, sondern es muß versucht werden, gleichzeitig auch für Unternehmen anderer Rechtsformen verbesserte Bedingungen bei der Aufnahme von Beteiligungskapital zu schaffen.

1. *Verbesserung der Fungibilität von Anteilen am Eigenkapital gewerblicher Unternehmen*

In der Bundesrepublik Deutschland sind die rechtlichen Konsequenzen, die an die Übertragung von Anteilen am Eigenkapital gewerblicher Unternehmen geknüpft sind, stark abhängig von der Rechtsform, in der das Unternehmen betrieben wird. Ein Wechsel der Eigenkapitalgeber bei gewerblichen Unternehmen oder allgemein die Zuführung oder spätere Herausnahme von Eigenkapital werden heute sowohl durch handelsrechtliche Erfordernisse als auch durch steuerliche Belastungen erschwert.

a) *Gesellschaftsrechtliche Erfordernisse beim Wechsel von Unternehmenseignern*

Ganz allgemein kann zunächst festgestellt werden, daß die Aufnahme zusätzlicher Gesellschafter beziehungsweise der Gesellschafterwechsel in einer Personengesellschaft einen wesentlich komplizierteren Vorgang auslöst als in einer Kapitalgesellschaft. Die Veräußerung eines Anteils an einer Kapitalgesellschaft ist ein Rechtsakt allein zwischen dem Veräußerer des Anteils und seinem Erwerber. Im Grundsatz werden dabei die übrigen Gesellschafter und die Unternehmung selbst nicht berührt.[8] Demgegen-

8 Soweit der Gesellschaftsvertrag besondere Bedingungen für die Zulässigkeit einer Geschäftsanteilsveräußerung vorsieht, so etwa ein Vorkaufsrecht für die Altgesellschafter oder eine Bindung an die Zustimmung der Hauptversammlung, handelt es sich um *freiwillig* vereinbarte Erschwernisse beim Gesellschafterwechsel, welche hier nicht zur Diskussion stehen.

über wird der Inhaberwechsel bei einer Personalunternehmung rechtlich als die Auflösung der ursprünglichen Gesellschaft und die Gründung einer neuen Unternehmung behandelt.

(1) *Personengesellschaften*

Nach den gesetzlichen Regelungen wäre der Austritt eines Gesellschafters stets mit der Liquidation der Unternehmung verbunden.[9] Um den volkswirtschaftlich wünschenswerten Fortbestand erfolgreicher Unternehmen stärker zu sichern und von den individuellen Verhältnissen einzelner Gesellschafter zu lösen, läßt das Gesetz abweichende Regelungen im Gesellschaftsvertrag zu. Insbesondere bei Tod oder Konkurs eines Gesellschafters, aber auch im Fall der Kündigung durch einen Anteilseigner kann vorgesehen werden, daß die Unternehmung von den restlichen Gesellschaftern fortgeführt wird.[10]

Wenn durch solche Vereinbarungen der Austritt eines Gesellschafters von der Unternehmenszerschlagung gelöst werden kann, so erleichtert dies noch nicht den Gesellschafterwechsel; die Idee von Auflösung und anschließender Neuerrichtung der Unternehmung bleibt erhalten. Daraus ergibt sich, daß ein Gesellschafterwechsel, auch wenn der neue Gesellschafter exakt die Stellung seines Vorgängers einnimmt, nur realisiert werden kann, wenn die übrigen Gesellschafter dem Wechsel zustimmen und entsprechend den Gesellschaftsvertrag neu abschließen.

Ökonomisch kann dies gerechtfertigt werden mit der engen Verknüpfung zwischen einer Personenunternehmung und ihren Gesellschaftern, die im allgemeinen weit über die Kapitalhingabe hinausgeht. Je stärker ein Gesellschafter auf Grund seiner Stellung in Geschäftsführung und Vertretung einer Unternehmung integriert ist, um so weniger ist ein Wechsel denkbar, der die wirtschaftliche Lage der übrigen Gesellschafter nicht grundlegend ändert. Ein neu eintretender Gesellschafter mag zwar ohne weiteres die Kapitaleinlage seines Vorgängers übernehmen, es ist aber in der Regel zweifelhaft, ob er auch ohne Qualitätsverlust die übrigen gesellschaftsrechtlich vereinbarten Leistungen kontinuierlich erbringen kann, also etwa an die Person gebundene Arbeitsleistungen, insbesondere dispositive Unternehmerleistungen.

9 §§ 131, 145 und 161 Abs. 2 HGB.
10 §§ 138, 139 HGB.

Eine generelle Ausweitung der Rechte des einzelnen Gesellschafters durch Gesetz, die ihm – soweit der Gesellschaftsvertrag keine andere Regelung vorsieht – die Veräußerung seiner Gesellschafterrechte an Dritte grundsätzlich freistellen würde, könnte für die übrigen Gesellschafter kaum kalkulierbare Risiken bringen. Dies folgt zum einen daraus, daß der Erfolg einer Personengesellschaft stark an die Mitwirkung oder an die Person eines Gesellschafters gebunden sein kann; die Risiken liegen aber auch in den umfangreichen Befugnissen eines Gesellschafters, der, wenn er zur Geschäftsführung und Vertretung berechtigt ist, auch über das Vermögen der Mitgesellschafter verfügen kann. Diese möglichen Folgewirkungen wiegen unseres Erachtens schwerer als die Interessen eines Gesellschafters, der ausscheiden will. Es sollte deshalb im Regelfall nicht darauf verzichtet werden, die Aufnahme neuer geschäftsführender Gesellschafter oder einen Gesellschafterwechsel von der Zustimmung der Altgesellschafter abhängig zu machen.
Die gesetzlich vorgesehene und bei Personalgesellschaften an sich gerechtfertigte Zustimmungspflicht behindert freilich den Gesellschafterwechsel. Eine gesetzliche Einschränkung der Verfügungsrechte über Beteiligungen ist deswegen nur solange gerechtfertigt, wie durch einen Gesellschafterwechsel tatsächlich die Interessen der restlichen Gesellschafter berührt werden. Dies ist zweifelsohne der Fall bei Gesellschaftern einer offenen Handelsgesellschaft und bei Komplementären einer Kommanditgesellschaft, da ihnen im allgemeinen Geschäftsführungs- und Vertretungsbefugnis zustehen und sie neben der Kapitaleinlage auch zu Arbeitsleistungen verpflichtet sind. Wenn enge Verflechtungen solcher Gesellschafter den Wechsel der Anteilseigner erschweren, so ist dies die Folge der bestehenden ökonomischen Bindungen und nicht die Folge künstlicher handelsrechtlicher Barrieren.
Für Kommanditisten gilt dies allerdings nicht. Als Gesellschafterleistung eines Kommanditisten sieht das Gesetz ausschließlich die Übernahme einer bestimmten Vermögenseinlage vor, bis zu deren Höhe er an Verlusten der Gesellschaft beteiligt ist und mit der er haftet, soweit die Einlage nicht erbracht ist. Von der Geschäftsführung sind Kommanditisten ausgeschlossen.
Der gesellschaftsrechtlichen Stellung eines Kommanditisten fehlt es an einer personengebundenen, engen Verbindung zur Unternehmung.[11] Der Wechsel eines Kommanditisten berührt im Prinzip solange nicht die In-

11 Dies kommt äußerlich auch darin zum Ausdruck, daß Kommandidisten vom Wettbewerbsverbot nach § 112 HGB ausgenommen sind.

teressen der übrigen Gesellschafter, wie das Kommanditkapital unverändert bleibt. Das heutige Handelsrecht trägt diesem Umstand bereits teilweise Rechnung, wenn es beim Tod eines Kommanditisten abweichend von der Regelung für andere Gesellschafter nicht die Auflösung der Gesellschaft vorsieht (§ 177 HGB), sondern die Fortführung mit den Erben. Es ist nicht einzusehen, warum die rechtlichen Konsequenzen prinzipiell anders sein sollen, wenn der Kommanditist zu Lebzeiten seine Rechte an Dritte übertragen möchte. Die Beschränkung der Veräußerbarkeit von Kommanditanteilen entbehrt einer zwingenden sachlichen Rechtfertigung. Sie braucht deshalb nicht gesetzlich institutionalisiert zu werden. Im Gegenteil, sie verstößt gegen zentrale wirtschaftspolitische Ziele. Durch die Einschränkung der Fungibilität von solchen Unternehmensbeteiligungen wird die Leistungsfähigkeit des Kapitalmarktes herabgesetzt.

Um den volkswirtschaftlich wünschenswerten Fortbestand erfolgreicher Unternehmen stärker zu sichern, sollte das Gesetz den Wechsel von Kommanditisten und atypisch stillen Gesellschaftern im Grundsatz von der Liquidierung der Unternehmung und von der Zustimmung der übrigen Gesellschafter lösen.[12] Ähnlich wie bei Geschäftsanteilen von Gesellschaften mbH (§ 15 GmbHG, vgl. S. 31 f.) sollte das Gesetz als Regelfall für Kommanditanteile und stille Beteiligungen ein freies Veräußerungsrecht vorsehen.[13] Soweit in einzelnen Fällen, zum Beispiel unter dem Gesichtspunkt der Überfremdung, Nachteile bei einer leichteren Veräußerbarkeit von Kommanditanteilen befürchtet werden, bleibt der Vertragsgestaltung

12 In der typisch stillen Gesellschaft existiert ein Auflösungs- und Auseinandersetzungsproblem im allgemeinen nicht. Der typisch Stille bringt eine bestimmte Kapitaleinlage gegen Beteiligung am Gewinn in die Unternehmung ein. Die Kündigung der »Beteiligung« kann mit der Kündigung eines Darlehens verglichen werden, die allenfalls Liquiditätsschwierigkeiten für die Unternehmung mit sich bringt. Neubewertungen sind nicht erforderlich, da dem ausscheidenden Stillen nur der Nominalbetrag seiner Einlage ausgezahlt wird. Lediglich in dem Fall, in dem mehrere Personen sich gleichzeitig durch einen Gesellschaftsvertrag an dem Handelsunternehmen still (typisch) beteiligen, sind Komplikationen denkbar. Hier könnte die Kündigung eines einzelnen bedeuten, daß die gesamte stille Gesellschaft aufgelöst werden müßte und deshalb sämtliche Gesellschafter mit ihrem Nominalbetrag abgefunden werden müßten. Da der Anspruch an die Unternehmung nur in der festgelegten buchmäßigen Kapitaleinlage liegt, besteht aber auch hier kein »Auflösungsproblem«, wie wir es bei anderen Handelsgesellschaften erörtert haben. Ohne Aufstellung einer Auseinandersetzungsbilanz kann die Gesellschaft unter den verbleibenden Gesellschaftern fortgesetzt werden.

13 Soweit Kommanditanteile noch nicht voll eingezahlt sind, muß sichergestellt werden, daß auf diesem Wege nicht durch Manipulationen das verwertbare Haftungskapital der Gesellschaft gesenkt wird.

überlassen, eine ähnliche Regelung zu vereinbaren, wie sie das Handelsgesetzbuch heute vorsieht.[14]
Die Neuregelung würde die Gestaltungsfreiräume innerhalb der Rechtsform der Kommanditgesellschaft ausweiten und Innovationen bei der Suche nach zweckmäßigen Unternehmensformen zulassen. Die vorgesehene Änderung der gesetzlichen Gesellschafterrechte kommt im Regelfall den Interessen aller Beteiligten entgegen. Auf der einen Seite wird die Unternehmung als solche gestärkt, da die Unternehmenssphäre durch einen Gesellschafterwechsel nicht mehr unmittelbar berührt wird. Der Geschäftsbetrieb der Unternehmung wäre unabhängiger von individuellen Dispositionen der Kommanditkapitalgeber, so daß der Fortbestand der Unternehmung besser gesichert ist.
Gleichzeitig werden auch die Individualrechte eines Kommanditisten verbessert. Ein freies Veräußerungsrecht hebt den Mausefalleneffekt von Kommanditanteilen auf und macht den einzelnen Kommanditisten von den übrigen Gesellschaftern unabhängiger.[15] Das Problem der Bemessung einer angemessenen Abfindung für ausscheidende Gesellschafter würde abgeschwächt und die im Gesellschaftsvertrag in aller Regel festgeschriebene Benachteiligung des ausscheidenden Gesellschafters entfiele. Bei freiem Verkauf wird die Beteiligung vom Markt bewertet. Der Erlös bei einem Verkauf von Kommanditanteilen am Markt dürfte im allgemeinen den Zerschlagungswertanteil und auch die Abfindung übersteigen, die die Gesellschafter bei Kündigung erhalten würden, da auf dem freien Markt die übrigen Gesellschafter mit Dritten konkurrieren.
Ein besonderes Hemmnis für den Erwerb von Beteiligungen an Personengesellschaften liegt in der spezifischen Regelung für die *Nachhaftung* ausscheidender Gesellschafter. Zum Schutz der Gläubiger einer Gesellschaft vor einem Entzug des haftenden Eigenkapitals durch Gesellschafteraustritte sieht das Gesetz eine fünfjährige Nachhaftung ausscheidender Gesellschafter vor. Durch die Vorschrift des § 159 Abs. 3 HGB wird die

14 Damit dürfte auch dem Anlegerschutz gedient sein, da der potentielle Anleger durch die vom Gesetz abweichende gesellschaftsvertragliche Regelung deutlich auf die Einschränkung seiner Verfügungsrechte hingewiesen werden würde. Der Gefahr der Konzentration von Kommanditanteilen in der Hand großer Konzerne kann durch Fusionskontrolle und durch vertragliche Regelungen vorgebeugt werden, etwa indem die Zahl der Anteile beschränkt wird, die sich in einer Hand befinden dürfen.

15 Das Recht zur freien Veräußerung sollte im Grundsatz auch für Arbeitnehmer gelten, die sich am arbeitgebenden Unternehmen beteiligen. Wenn die steuerliche Förderung von Arbeitnehmerbeteiligungen zwingend von verstärkten Bindungen des Beteiligten an das Unternehmen abhängig gemacht wird, wie dies in Vermögensbildungsplänen zum Teil auch über die bisherigen Sperrfristen hinaus vorgesehen ist, wird die arbeitgebende Unternehmung zur Falle für Arbeitnehmerkapital.

Nachhaftung fast unbegrenzt ausgeweitet. In den Fällen, in denen der Anspruch eines Gläubigers vor dem Austrittstermin eines Gesellschafters entstanden ist, aber erst nach diesem Zeitpunkt fällig wird, beginnt die fünfjährige Verjährungsfrist erst mit der Fälligkeit des Anspruchs. Insbesondere bei betrieblichen Pensionszusagen kann dies zur Folge haben, daß ein ausgeschiedener Kommanditist für einen Zeitraum von mehr als 30 Jahren mit einer nachträglichen Inanspruchnahme rechnen muß. Das Urteil des Bundesgerichtshofes vom 19. Mai 1983 hat diesen unhaltbaren Zustand zwar gemildert, der Gesellschafterwechsel bleibt aber behindert. Für die weitgehende Nachhaftungsregelung mögen gewichtige Gründe sprechen. Sie verlieren aber an Bedeutung, wenn der Austritt eines Gesellschafters in Form eines Gesellschafterwechsels vollzogen wird und die Vermögenseinlage des ausscheidenden Gesellschafters der Unternehmung unverändert zur Verfügung steht. In diesem Fall sollte unseres Erachtens grundsätzlich auf jede Nachhaftung verzichtet werden.
Die Aufhebung der Nachhaftung insbesondere beim Gesellschafterwechsel von Kommanditisten und stillen Gesellschaftern würde allerdings die Möglichkeit eröffnen, über einen vermögenslosen Zwischengesellschafter eine Rückgewähr der Einlage zu erreichen, indem der neue Gesellschafter die Gesellschaft kündigt. Wird nämlich die Einlage an den Zwischengesellschafter zurückgezahlt, so geht der Anspruch von Gesellschaftsgläubigern gegenüber dem vermögenslosen Strohmann ins Leere. Unserer Ansicht nach rechtfertigt diese Gefahr nicht die sehr weitreichenden Haftungsansprüche gegenüber ausgeschiedenen Gesellschaftern einer Personengesellschaft. Nicht der Gesellschafterwechsel als solcher gefährdet die Ansprüche von Gläubigern gegenüber der Unternehmung; eine Schlechterstellung der Gläubiger ergibt sich nur, wenn Kapital der Unternehmung an die Gesellschafter ausgekehrt wird. Dies kann auch geschehen, wenn die Kommanditgesellschaft ohne vorangehenden Gesellschafterwechsel gekündigt wird. Gläubigerschutzvorschriften sollten deshalb nicht an den Gesellschafterwechsel, sondern an die Herabsetzung des Gesellschaftskapitals anknüpfen. Auf die Nachhaftung von Kommanditisten kann verzichtet werden, solange sichergestellt ist, daß die Gläubiger nicht durch Ausschüttungen von Kapital benachteiligt werden. Zu diesem Zweck genügt es, wenn an die Herabsetzung des Kommanditkapitals bestimmte Formalerfordernisse geknüpft werden.[16] Eine Anlehnung an § 58 GmbHG ist denkbar.

16 Eine solche Neuregelung würde erhebliche administrative Vereinfachungen für die Registergerichte bringen. Das Kommanditkapital von Kommanditgesellschaften brauchte

Die freie Veräußerbarkeit von Kommanditanteilen und der Verzicht auf die umfangreiche Nachhaftung ausgeschiedener Gesellschafter erhöht die Fungibilität solcher Beteiligungen wesentlich. Gleichzeitig werden die Individualrechte eines Kommanditisten ausgeweitet und das mit der Beteiligung verbundene Risiko wird besser abgegrenzt. Die Aufhebung des Mausefalleneffektes der Beteiligung wird die Bereitschaft zur Zeichnung von Kommanditanteilen erhöhen und käme damit generell der Eigenkapitalversorgung von Kommanditgesellschaften zugute. Es sollte den Unternehmen überlassen bleiben, im Einzelfall abweichende gesellschaftsvertragliche Vereinbarungen zu treffen.

(2) *Kapitalgesellschaften*

Bei Kapitalgesellschaften ist die gerade für Kommanditanteile vorgeschlagene erleichterte Handelbarkeit von Geschäftsanteilen bereits realisiert. Ein individuelles Kündigungsrecht der Anteilseigner ist im Gesetz nicht vorgesehen. Die Auflösung der Gesellschaft kann nur durch Beschluß der Gesellschafterversammlung (Hauptversammlung) mit 75 % Stimmenmehrheit erreicht werden. Ein Gesellschafterwechsel braucht somit nach dem Gesetz die Unternehmenssphäre sowie die nicht beteiligten Gesellschafter nicht zu berühren, sondern spielt sich allein in der Privatsphäre des ausscheidenden und des neu eintretenden Gesellschafters ab. Dies ist perfektioniert bei Unternehmen, deren Kapitalanteile in Aktien verbrieft sind. Soweit es sich um Inhaberpapiere handelt, erfolgt der Aktionärswechsel allein durch Einigung und Übergabe des Wertpapiers. In der Satzung kann allerdings die Ausgabe von Namensaktien vorgesehen werden, deren Übertragung an bestimmte Voraussetzungen geknüpft werden kann, etwa an die Zustimmung der Gesellschaft (vinkulierte Namensaktien). Während solche Hindernisse bei Aktiengesellschaften allein der vertraglichen Vereinbarung der Gesellschafter entspringen, sieht das GmbH-Gesetz für den Gesellschafterwechsel zusätzlich zwingende Formerfordernisse vor.
Nach § 15 Abs. 3 und 4 GmbHG muß die Übertragung eines Geschäftsanteils oder ein entsprechender Verpflichtungsvertrag notariell beurkun-

nur noch als pauschale Größe erfaßt zu werden. Die Zahl der Gesellschafter und die Gesellschafter selbst brauchten nicht mehr erfaßt zu werden. Lediglich für Gründergesellschafter und für noch nicht voll eingezahltes Kommanditkapital sind Sonderregelungen zweckmäßig.

det werden. Die Vorteile der Beurkundungspflicht, die eventuell in juristisch einwandfreieren Übertragungsverträgen gesehen werden können, stehen nicht in einem angemessenen Verhältnis zu der wesentlichen und erzwungenen Heraufsetzung der Transaktionskosten. Weder ist ein patriachalischer Schutz für Käufer und Verkäufer des Geschäftsanteils notwendig, noch können schutzbedürftige Interessen Dritter (Arbeitnehmer, Kreditgeber, Lieferanten oder übrige Gesellschafter) die bürokratischen Formerfordernisse rechtfertigen.

Wenn die Vorteile der erhöhten Rechtssicherheit, die eine notarielle Beurkundung möglicherweise bringt, deren Kosten, welche nicht allein in den Notargebühren liegen, übersteigen, dürften die Beteiligten ohnehin aus eigenem Interesse diesen Weg wählen. Von Wirtschaftssubjekten, die eigene Ersparnisse in risikobehafteten unternehmerischen Beteiligungen anlegen, kann und sollte eigenverantwortliches wirtschaftliches Handeln verlangt werden.

Solange der Gesellschafterwechsel in einer Kapitalgesellschaft das Haftkapital der Unternehmung nicht verändert, ergeben sich keine unmittelbaren Auswirkungen auf die Unternehmenssphäre und auf die Existenzfähigkeit der Unternehmung. Es können insoweit auch keine schutzbedürftigen Interessen Dritter für eine staatliche Regulierung des Vorganges angeführt werden. Deshalb wird vorgeschlagen, die gesetzliche Pflicht zur notariellen Beurkundung einer Übertragung von Geschäftsanteilen aufzuheben.[17] Es bleibt dann jeweils den Gesellschaftern überlassen, durch schriftlichen Übertragungsvertrag oder durch Beurkundung den Nachweis des Gesellschafterwechsels zu führen.

Allein in Fällen, in denen das Stammkapital einer Gesellschaft mbH noch nicht voll eingebracht ist, könnte durch unklare Gesellschafterverhältnisse die Einforderung ausstehender Einlagen zum Nachteil Dritter erschwert werden. Um diese Möglichkeit auszuschließen, ist aber nicht die notarielle Beurkundung von Übertragungsverträgen geboten. Ausreichend ist schon die sorgfältige Führung einer Gesellschafterliste, in der auch die von den Gesellschaftern noch zu leistenden Einlagen erfaßt sind. Diese Gesellschafterliste sollte, wie es bereits heute geschieht, von einer neutralen Behörde geführt werden (Handelsregister). Sind die gesell-

17 Die notarielle Beurkundung stellt heute sicher, daß die restlichen Gesellschafter über den Gesellschafterwechsel zumindest informiert werden. Allein hiermit kann ein gesetzliches Regulierungsbedürfnis nicht gerechtfertigt werden. Einer Überfremdung der Gesellschaft mbH durch »stille« Gesellschafterwechsel, die bei neuen Mehrheiten zu unerwünschten Änderungen in der Geschäftsführung führen könnte, kann durch gesellschaftsvertragliche Regelungen vorgebeugt werden (z. B. vinkulierte GmbH-Anteile).

schaftsvertraglich oder gesetzlich fixierten Einlageverpflichtungen einmal erbracht, so verliert die öffentliche Erfassung der Gesellschafter einer Gesellschaft mbH ihren Sinn, so daß in Kombination mit der Aufhebung der Beurkundungspflicht auch die Pflicht für Gesellschaften mbH aufgehoben werden sollte, zu Beginn jeden Jahres eine Gesellschafterliste beim Handelsregister einzureichen (§ 40 GmbH).[18] Der überwiegende Teil der mehr als 300 000 ». . . Gesellschaften mbH würde dadurch von einer bürokratischen Pflicht entlastet und die Registergerichte würden von einer erheblichen Papierflut und dazugehörigen Überwachungspflichten befreit«.[19]
Zusätzlich zur Beurkundungspflicht erschwert das GmbH-Gesetz eine Übertragung von Geschäftsanteilen in den Fällen, in denen mit der Veräußerung eine Teilung des ursprünglichen Geschäftsanteils einhergeht. Diese Vorschrift (Bindung der Veräußerung von Teilen eines Geschäftsanteils an die Genehmigung der Gesellschaft gemäß § 17 GmbH-Gesetz) entspringt zwar dem Grundgedanken einer kleinen Kapitalgesellschaft, erschwert aber die Zersplitterung von Geschäftsanteilen und kommt so dem oft bestehenden Interesse an einem überschaubaren Gesellschafterkreis entgegen. Wenn dieses Interesse in Einzelfällen begründet sein mag, so folgt daraus noch nicht die Zweckmäßigkeit einer gesetzlichen Fixierung der Zustimmungspflicht. Im Gegenteil, gesamtwirtschaftlich dürfte eher ein Interesse an einer leichten Teilbarkeit der Geschäftsanteile bestehen, um damit die Fungibilität der Anteile zu erhöhen und so letztlich die Basis der Beteiligungsfinanzierung zu erweitern. Auch in dieser Frage sollte dem Subsidiaritätsprinzip Vorrang eingeräumt werden, das heißt, es sollte, solange die Grenzen des § 5 GmbHG nicht unterschritten werden, der Vertragsgestaltung der Gesellschafter überlassen bleiben, die Teilung von Geschäftsanteilen zu erschweren.[20] Jede Gesellschaft sollte

18 Die Erfassung der Gründergesellschafter dürfte zum Schutz der Gläubiger zweckmäßig sein, damit die Gründer bei Fehlbewertungen von Sacheinlagen oder anderen falschen Angaben zur Haftung herangezogen werden können (§ 9a GmbHG). Im übrigen wird durch die persönliche Haftung des Geschäftsführers einer verschleierten Rückgewähr von Einlagen vorgebeugt (§ 43 GmbHG).

19 Pütz, P./Meyerhöfer, W., Hemmnisse und Hilfen für Unternehmensgründungen, a.a.O., S. 323. Zur Entwicklung der Zahl der Gesellschaften mbH vgl. Deutsche Bundesbank, Der Aktienmarkt in der Bundesrepublik Deutschland und seine Entwicklungsmöglichkeiten, a.a.O., S. 15.

20 Anstelle einer Streichung könnte § 17 GmbHG wie folgt gefaßt werden:
»§ 17 (Veräußerung von Teilen eines Geschäftsanteils)
(1) Die Bestimmungen in § 5 Abs. 1 und 3 über den Betrag der Stammeinlagen finden bei der Teilung von Geschäftsanteilen entsprechende Anwendung.
(2) Im Gesellschaftsvertrag kann festgelegt werden, daß für die Veräußerung von Teilen eines Geschäftsanteils die Zustimmung der Gesellschaft erforderlich ist.«

den Grad an Fungibilität und Teilbarkeit für ihre Anteile selbst festlegen können, den sie für die Beschaffung von Eigenkapital als zweckmäßig ansieht. Zusätzlich kann freigestellt werden, auch GmbH-Anteile als Namens- oder Inhaberpapiere zu verbriefen.

b) *Steuerliche Hemmnisse beim Wechsel von Unternehmenseignern*

Der Eintritt in Unternehmen und der spätere Austritt wird nicht nur durch handelsrechtliche Erfordernisse übermäßig erschwert. Auch das Steuerrecht knüpft in vielfältiger Weise an die Kapitalzufuhr zu Unternehmen durch die Unternehmenseigner an oder belastet die Liquidation einmal in gewerblichen Unternehmen angelegten Vermögens. Dabei anfallende Abgaben diskriminieren nicht nur die Eigenkapitalfinanzierung von Unternehmen, sie behindern gleichzeitig die Fungibilität von Anteilen am Eigenkapital der Unternehmen und erschweren so eine gesamtwirtschaftlich wünschenswerte Beteiligungsfinanzierung.

(1) *Kapitalverkehrsteuern*

Ein Wechsel von Anteilseignern an börsenfähigen Unternehmen wird durch die Börsenumsatzsteuer belastet; bei der erstmaligen Zuführung von Eigenkapital, etwa bei Aufnahme eines zusätzlichen Gesellschafters, ist Gesellschaftsteuer zu entrichten. Die Kapitalverkehrsteuern, deren Steuersatz in der Regel ein Prozent beträgt, treffen ausschließlich die Eigenkapitalbeschaffung der Kapitalgesellschaften und der Gesellschaft mbH & Co KG. Neben der steuersystematisch nicht zu vertretenden Diskriminierung einzelner Rechtsformen stehen die Steuern der gesamtwirtschaftlich notwendigen Risikokapitalstärkung entgegen. Die Transaktionskosten des Gesellschafterwechsels werden unnötig erhöht. Eine vernünftige Begründung für die Kapitalverkehrsteuern gibt es nicht.[21] Bei

21 Für viele andere: Sachverständigenrat zur Begutachtung der gesamtwirtschaftlichen Entwicklung, Jahresgutachten 1982/83, BT-Drucksache 9/2118 vom 23. Nov. 1982, Ziff. 325, S. 189. Zur Belebung der Beteiligungsfinanzierung wird die Abschaffung der Kapitalverkehrsteuern bereits seit vielen Jahren gefordert, bisher allerdings ohne jeden Erfolg. Vgl. zum Beispiel Büschgen, H. E., Reformpläne für die deutschen Effektenbörsen, in: Blätter für Genossenschaftswesen, 114. Jg. (1968), S. 421–424 sowie 446–450 (446) sowie Wissenschaftlicher Beirat beim Bundesminister der Finanzen und Wissenschaftlicher Beirat beim Bundeswirtschaftsministerium, Kapitalmarkt und Besteuerung, Gemeinsames Gutachten vom 26. Jan. 1958, in: Der Wissenschaftliche Beirat beim Bundeswirtschaftsministerium, 5. Band, Göttingen 1961, S. 35–48 (36).

Einbeziehung der Erhebungskosten dürfte auch der fiskalische Aspekt in den Hintergrund treten, so daß die ersatzlose Streichung der beiden Steuern geboten scheint.[22]

(2) *Ertragsteuern auf Veräußerungsgewinne*

Häufig ist die Immobilität von Unternehmensbeteiligungen die Folge zum Teil erheblicher ertragsteuerlicher Belastungen, die erst bei einer Veräußerung anfallen. Solche »Veräußerungsteuern« treten auf, wenn der Wert einer Beteiligung während der Beteiligungsdauer gestiegen ist, ohne daß der Wertzuwachs beim Gesellschafter der Besteuerung unterworfen wurde. Sie resultieren zum einen aus stillen Reserven. Bei Veräußerung der Beteiligung am Markt werden die vorher still gebildeten Reserven abgegolten. Insoweit realisiert der ausscheidende Gesellschafter erstmals einen Gewinn, der bei Beteiligungen an Personengesellschaften in jedem Fall bei der Einkommensbesteuerung des Gesellschafters erfaßt wird.[23] Bei Veräußerung von Anteilen an einer Kapitalgesellschaft ist ein entsprechender Veräußerungsgewinn nur steuerpflichtig, wenn die Beteiligung weniger als sechs Monate gehalten wurde (Spekulationsgewinn, § 23 Abs. 1 Nr. 1 EStG) oder wenn der Veräußerer wesentlich an der Unternehmung beteiligt ist (mehr als 25 Prozent, § 17 EStG).
Es ist wenig konsequent, die Bildung steuerlich wirksamer stiller Reserven zu erlauben und sogar zu begünstigen, also den Unternehmungen und ihren Eigentümern Steuern zu stunden oder zu erlassen, immer dann aber den Besteuerungsanspruch voll geltend zu machen, wenn ein Wechsel der Eigentümer stattfindet. Dies bedeutet eine Strafsteuer für den Verkauf von Beteiligungstiteln. Der einmalige Anfall von Ertragsteuern im Veräußerungszeitpunkt kann durch den Abbau der Möglichkeiten zur steuerlich wirksamen Bildung stiller Reserven gemindert werden. Wertzuwächse würden dann kontinuierlicher erfaßt und die erstmalige Aufdeckung beim Gesellschafterwechsel würde insoweit zurückgedrängt. Daß damit die Entstehung von Veräußerungsgewinnen nicht völlig vermieden werden

22 Im Jahre 1981 hat das Aufkommen an Gesellschaftsteuer 240 Millionen DM, das der Börsenumsatzsteuer 153 Millionen DM betragen. Statistisches Jahrbuch 1982 für die Bundesrepublik Deutschland, Wiesbaden 1982, S. 418. Die Abschaffung der Gesellschaftsteuer würde voraussetzen, daß die entgegenstehende EG-Richtlinie vom 17. Juli 1969 korrigiert wird.

23 Veräußerungsgewinn ist die Differenz zwischen dem Buchwert der Beteiligung und dem Veräußerungspreis (§ 16 EStG).

kann, liegt auf der Hand, da eine die Marktentwicklung stets genau abbildende Bewertung niemals möglich sein wird. Es bleibt immer ein Spielraum für Wertänderungen, und zum Schutz Dritter kann auf eine vorsichtige Bewertung nicht verzichtet werden,[24] der ein Käufer nicht zu folgen braucht. Daraus folgt jedoch nicht, daß das Steuerrecht Reservebildungen durch offensichtliche Unterbewertungen tolerieren und durch subventionsähnliche Regelungen zusätzlich begünstigen sollte.

In der Vergangenheit sind in der Bundesrepublik Deutschland und in verschiedenen anderen Ländern die steuerlich anerkannten Abschreibungssätze zum Teil erheblich erhöht worden. Man wollte damit den Staat stärker am Risiko beteiligen und so zusätzliche Investitionen anregen. Soweit die Abschreibungserleichterungen die Bildung stiller Reserven begünstigen, bringen sie jedoch wesentliche Nachteile für den Kapitalmarkt mit sich (vgl. S. 92 ff.). Die mit den Erleichterungen verfolgten Ziele lassen sich durch andere Mittel ohne strukturverzerrende Nebenwirkungen erreichen.[25]

Zum Abbau der mobilitätsmindernden Veräußerungsgewinnsteuern muß die steuerliche Begünstigung stiller Reserven durch eine vorsichtige Reform der Bilanzierungs- und Bewertungsvorschriften beseitigt werden.[26] Während heute versucht wird, die 4. EG-Richtlinie weitgehend steuerneutral in nationales Recht umzusetzen, würde die hier vorgeschlagene Fortentwicklung der Bewertungsgrundsätze den Bestrebungen zur Vereinheitlichung der Rechnungslegung von Unternehmen im EG-Raum stärker entgegenkommen.[27] Die damit verbundenen Mehrsteuern dürfen aus

24 Insofern bleibt der von Engels und Stützel im Teilhabersteuersystem vorgeschlagene Verzicht auf eine Versteuerung von Gewinnen bei der Anteilsveräußerung noch problematisch. Zwar sind Kursgewinne auf mittlere Sicht immer »ein Reflex der Selbstfinanzierung«. Sie können aber noch nicht schon deswegen als voll versteuert gelten, weil Gesellschafter auch auf die einbehaltenen Gewinne ihrer Unternehmung Einkommensteuer geleistet haben; dies gilt nämlich nur für offen ausgewiesene Gewinne. Engels, W./Stützel, W., Teilhabersteuer, 2. Aufl., Frankfurt am Main 1968, S. 15.

25 Um eine ausgewogenere Gewinn- und Verlustbeteiligung des Staates zu erreichen, muß für die Ertragsteuern eine mehrperiodische Durchschnittsbesteuerung eingeführt werden. Die Erweiterung des Verlustvortrags und des Verlustrücktrags ist ein Schritt in die richtige Richtung. Vor allem ist eine weitere Ausdehnung des Berechnungszeitraums für diese Kompensationen notwendig.

26 Das Problem der »Veräußerungsgewinnsteuer« wird durch Scheingewinne bei Inflation verschärft. Hier liegt ein allgemeines Problem der Scheingewinnbesteuerung. Sie könnte durch weitere Abschläge vom Veräußerungsgewinn und durch begünstigende Steuersätze gemildert werden. Eine konsequente Politik der Geldwertstabilität ist solchen Partiallösungen, die letztlich ein Armutszeugnis für den Staat bedeuten, in jedem Fall überlegen. Dadurch würde das Problem überhaupt aus der Welt geschafft.

27 Da die Bewertungsgrundsätze an dieser Stelle nicht im einzelnen diskutiert werden können, sei beispielhaft nur auf das Anschaffungswertprinzip hingewiesen. Insbesondere bei

gesamtwirtschaftlichen Gründen nicht zu einer Ausweitung der Steuerlast bei Unternehmen führen. Die Erhöhung der steuerlichen Bemessungsbasis sollte genutzt werden, um steuerliche Diskriminierungen in der Unternehmenssphäre aufzuheben.[28] Dadurch könnten verständliche Bedenken der Betroffenen gedämpft werden.

Der bei der Veräußerung von Anteilen an einer Kapitalgesellschaft beim Gesellschafter eventuell entstehende Veräußerungsgewinn wird durch das besondere Besteuerungsverfahren für Körperschaften zusätzlich in die Höhe getrieben. Der steuerpflichtige Veräußerungsgewinn ergibt sich nicht wie bei Personengesellschaften als Differenz zwischen dem Anteil am steuerlichen Buchwert der Gesellschaft und dem Veräußerungserlös, sondern wird ermittelt aus den historischen Anschaffungskosten des bisherigen Anteilseigners und dem Veräußerungserlös. Ein Veräußerungsgewinn ergibt sich deshalb nicht nur aus der Abgeltung stiller Reserven. Bei Kapitalgesellschaften steigern zusätzlich offen ausgewiesene Gewinnrücklagen, bei deren Bildung bereits 56 % Körperschaftsteuer erhoben werden, die »Veräußerungsgewinnsteuer«. Damit wird insbesondere die Veräußerung und Auflösung von wesentlichen Beteiligungen erschwert (§ 17 EStG).

der Bewertung von Grundstücken und Beteiligungen zwingt es oft zu erheblichen Unterbewertungen. Die Diskussion um eine zeitnahe Bewertung von Unternehmensbeteiligungen ist soweit fortgeschritten, daß eine Umsetzung in die gesetzlichen Bilanzierungsregeln möglich sein sollte. Offensichtliche Unterbewertungen, die etwa bei der Bewertung von Wertpapieranlagen eindeutig quantifiziert werden können, erlaubt auch die Vorschrift des § 154 Abs. 2 Satz 2. AktG, nach der außerplanmäßige Abschreibungen nicht korrigiert zu werden brauchen, wenn der Grund für die außerplanmäßige Abschreibung entfallen ist. Zwar sieht das Bilanzrichtlinie-Gesetz im Entwurf des § 264 Abs. 2 HGB ein grundsätzliches Wertaufholungsgebot für die Bilanzen von Kapitalgesellschaften vor. Für die nicht abnutzbaren Gegenstände des Anlagevermögens, und gerade hier liegen die wesentlichen stillen Reserven, wird die Zuschreibungspflicht aber durch den vorgesehenen § 265 Abs. 1 HGB in einer komplizierten Formulierung versteckt wieder aufgehoben. Unter dem Deckmantel der Forderung nach Steuerneutralität des Bilanzrichtlinie-Gesetzes wird vermieden, die mit dieser Vorschrift verbundene Subventionswirkung durch Begünstigung stiller Reserven zu diskutieren.

28 Der dringend notwendige Abbau der steuerlichen Diskriminierung der unternehmerischen Betätigung, die Allokationsverzerrungen auslöst und die nur schwer mit der Grundkonzeption einer freiheitlichen Wirtschaftsordnung in Einklang zu bringen ist, scheitert heute vornehmlich aus fiskalischen Gründen. Erinnert sei an die Gesellschaftsteuer, die Börsenumsatzsteuer und die mehrfache Belastung gewerblichen Vermögens durch Vermögensteuer sowie an die Vielzahl zum Teil versteckter Freibeträge und erheblicher Begünstigungen bei der Altersvorsorge für Arbeitnehmer, von denen die Selbständigen ausgeschlossen sind (Vgl. Pütz, P./Meyerhöfer, W., Hemmnisse und Hilfen für Unternehmensgründungen, a.a.O., S. 391-397). Die Einschränkung der Möglichkeiten zur Bildung stiller Reserven muß genutzt werden, um hier wesentliche Schritte voranzukommen; die damit gewonnenen zusätzlichen Steuererträge sind zur Entlastung bei den diskriminierenden Sondersteuern auf die Unternehmertätigkeit zu verwenden.

Bei Kapitalgesellschaften werden Gewinnthesaurierungen, die sich – mittelfristig – im Wert der Beteiligung niederschlagen, ertragsteuerlich zunächst nur bei der Unternehmung erfaßt. Die in der Gesellschaft zurückbehaltenen Wertzuwächse bleiben bei den Gesellschaftern bis zu einer Realisierung im Veräußerungsfall unberücksichtigt. Der ökonomisch kaum zu haltenden Konzeption des »Unternehmens an sich«[29] konsequent folgend wird für steuerliche Zwecke fingiert, daß die in den Vorperioden entstandenen, aber von der Unternehmung nicht ausgeschütteten Gewinne dem Gesellschafter erst im Zeitpunkt der Veräußerung zugute kommen.

Auch das mit der Körperschaftsteuerreform 1977 eingeführte Anrechnungsverfahren hat den Grundgedanken beibehalten, daß Körperschaften nicht nur bloße Hilfsformen seien, deren sich natürliche Personen bei ihren wirtschaftlichen Aktivitäten bedienen, sondern daß sie sich eigene Aufgaben und Zwecke stellten. In der Argumentation wird in aller Regel die personenbezogene Kapitalgesellschaft außer acht gelassen und auf große, anonyme Kapitalgesellschaften verwiesen, bei denen das Unternehmensinteresse, dem der Vorstand einer Aktiengesellschaft verpflichtet ist, verselbständigt sei.[30] Aus dieser juristischen Betrachtungsweise wird eine selbständige Besteuerung der Kapitalgesellschaft gerechtfertigt.[31] Die Folge ist eine erhöhte Bemessungsbasis für die Steuer auf den vom Gesellschafter realisierten Veräußerungsgewinn und damit höhere Transak-

29 Engels, der die negativen Folgen dieser Rechtsphilosophie diskutiert, nennt als Väter der Konzeption vom »Unternehmen an sich« Walter Rathenau und Carl Schmitt. Engels, W., Die Aktie muß wiederentdeckt werden, in: FAZ, Nr. 32 vom 7. Februar 1981, S. 13. Daneben wird von Stützel auf Ausführungen zu den Aufgaben des Managements von Johannes Plenge aus dem Jahre 1911 verwiesen. Stützel, W., Die Aktie im Wandel der Zeiten – Die Aktie als Instrument der Industrieverflechtung, in: Finanzierung in der öffentlichen und privaten Wirtschaft, hrsg. von Deutsche Gesellschaft für Betriebswirtschaft, Berlin 1959, S. 59–70 (64).

30 Auch nach Walz, dessen Vorschläge bei unserer Untersuchung im übrigen zum großen Teil Pate gestanden haben, beschränkt sich der Auftrag des Vorstands heute nicht mehr darauf, im Interesse der Anteilseigner Gewinn zu erzielen. Vielmehr müßten ». . . die häufig divergierenden Interessen der Unternehmensbeteiligten und die berechtigten Erwartungen der Öffentlichkeit im Sinne einer Sicherung der wirtschaftlichen Leistungskraft des Unternehmens zu den maßgeblichen Determinanten der Unternehmenspolitik der großen Kapitalgesellschaften werden«. Walz, W. R., Empfiehlt sich eine rechtsformunabhängige Besteuerung der Unternehmen? Gutachten F. für den 53. Deutschen Juristentag, München 1980, S. F. 69.

31 Nicht zuletzt dividiert gerade ein solcher Besteuerungsmodus die Interessen der Anteilseigner und die der Unternehmung selbst beziehungsweise ihrer Geschäftsführung auseinander.

tionskosten beim Gesellschafterwechsel.[32] Die zu erwartende Ertragsteuerbelastung dürfte die Bereitschaft zum Verkauf einer Beteiligung um so stärker mindern, je länger die Beteiligung an einer Unternehmung bestanden hat beziehungsweise je mehr Gewinne während dieser Zeit thesauriert worden sind.[33]
Die Schwierigkeit der »Aufdeckung« thesaurierter Gewinne existiert ausschließlich bei der Veräußerung von Anteilen an einer Kapitalgesellschaft. Dieser systematische Mangel ist wegen »Halbherzigkeiten der Körperschaftsteuerreform«[34] nicht ausgeräumt worden. Solange eine umfassende Neugestaltung der direkten Steuern und persönlichen Transfers in Richtung auf eine Konsumsteuer noch scheitert, könnten Hemmnisse bei der Fungibilität von Unternehmensanteilen durch die vollständige Übernahme des von Engels und Stützel entwickelten Teilhabersteuersystems wesentlich gemindert werden.[35] Dies würde selbst dann noch gelten, wenn abweichend vom ursprünglichen Reformvorschlag ein neu zu definierender Veräußerungsgewinn bei der Abgabe von Beteiligungspapieren der Einkommensbesteuerung unterworfen würde; denn gegenüber dem heutigen System würde der Veräußerungsgewinn gemindert um die während der Beteiligungsdauer anteilig offen gebildeten und versteuerten Gewinnrücklagen.[36] Der niedrigere Veräußerungsgewinn würde im Vergleich zu heute niedrigere Ertragsteuern auslösen. Die Transaktionskosten des Gesellschafterwechsels lägen entsprechend niedriger.

32 Das derzeitige Einkommensteuerrecht erfaßt solche Veräußerungsgewinne allerdings nur unvollkommen. Die Grenzziehung ist voller Willkür. So müssen Kursgewinne von jedermann versteuert werden, wenn sie innerhalb der sogenannten Spekulationsfrist (sechs Monate) anfallen. Desgleichen werden Veräußerungsgewinne vollständig erfaßt, wenn die Unternehmensanteile in einem Betriebsvermögen gehalten werden. Privat gehaltene Anteile unterliegen der »Veräußerungsteuer« dagegen nur, wenn die Unternehmensbeteiligung über 25 % hinausgeht. Vgl. auch Stützel, W., Steuersystem und Kapitalverkehr, a.a.O., S. 142.

33 In der Diskussion um den § 6b EStG tritt die mobilitätshemmende Wirkung dieses Besteuerungsverfahrens deutlich zutage.

34 Mitschke, J., Steuer- und Transferordnung aus einem Guß. Kommissionsvorlage für das Frankfurter Institut für wirtschaftspolitische Forschung e. V., Frankfurt 1982, S. 23.

35 Die vielfältigen Vorzüge des Teilhabersteuersystems auch auf anderen Gebieten brauchen an dieser Stelle nicht mehr aufgelistet zu werden. Vgl. dazu Engels, W./Stützel, W., Teilhabersteuer, a.a.O., insbesondere Ziff. 7, S. 9 sowie Stützel, W., Die aktuelle Diskussion: Teilhabersteuer – ein realistischer Reformvorschlag?, in: Steuer-Kongreß-Report 1969, hrsg. v. der Bundeskammer der Steuerbevollmächtigten, München 1969, S. 320–337.

36 Er würde dem Veräußerungsgewinn entsprechen, der ceteris paribus bei einer Personengesellschaft steuerpflichtig würde.

(3) *Höhere Substanzsteuern nach Gesellschafterwechsel*

Ein höherer Marktwert veräußerter Beteiligungen wird außerdem herangezogen, um nicht veräußerte Beteiligungen steuerlich neu zu bewerten und mit höherer Vermögensteuer zu belasten.[37] Das bedeutet vor allem bei nicht börsennotierten Kapitalgesellschaften einen Nachteil für den Verkäufer, solange er noch weitere Anteile hält, und fördert bei den im Unternehmen zurückbleibenden Gesellschaftern die Neigung, den Verkauf von Anteilen durch die Satzung der Gesellschaft zu erschweren, denn jeder Gesellschafterwechsel kann für sie die Steuerlast erhöhen. Das Problem abrupter Erhöhungen von Substanzsteuern aus Anlaß eines Gesellschafterwechsels wird durch zeitnahe Bewertungen und das Verbot willkürlicher und nur steuerlich bedingter stiller Reserven entschärft. Wenn Falschbewertungen nicht mehr steuerlich prämiert werden, können die Bewertungen wirklichkeitsnäher sein, so daß der Eigentümerwechsel weniger als bisher zu Steuererhöhungen führt. Als Wertansatz für Anteile an Kapitalgesellschaften sollte grundsätzlich wie bei Personengesellschaften das anteilige Eigenkapital zugrunde gelegt werden. Dies wäre gleichzeitig ein echter Schritt zur Steuervereinfachung, da dieser Wert ohnehin im Rahmen der Einheitswertfeststellung der Unternehmung ermittelt wird.[38]

37 Bei der Ermittlung des steuerpflichtigen Vermögens von Gesellschaftern einer Kapitalgesellschaft wird die Beteiligung mit dem »gemeinen« Wert angesetzt. Dieser entspricht bei börsennotierten Werten dem Börsenkurs zum Bewertungsstichtag. Im übrigen wird der gemeine Wert in einem zusätzlichen steuerlichen Bewertungsverfahren für alle Beteiligten einheitlich ermittelt. Nach dem sogenannten »Stuttgarter Verfahren« werden Ertrags- und Substanzwert der Unternehmung gemittelt, wobei erhebliche Unsicherheitsabschläge verrechnet werden. Das Stuttgarter Verfahren wird nicht angewendet, wenn ein Unternehmensanteil bei Veräußerung durch den Markt bewertet worden ist. In diesen Fällen wird vom Veräußerungspreis des Anteils ausgehend, auch wenn es sich nur um einen Zwerganteil gehandelt hat, der »gemeine« Wert der gesamten Unternehmung hochgerechnet. Es ergibt sich dann im allgemeinen ein höherer Wert für die Unternehmung als nach dem Stuttgarter Verfahren. Das bedeutet, daß die Veräußerung eines Unternehmensanteils für alle verbleibenden Gesellschafter zu einer höheren Vermögensteuerbelastung führt.

38 Nachträgliche Änderungen des Einheitswerts etwa im Rahmen von Betriebsprüfungen würden sich dann auch bei der Vermögensbesteuerung der Anteilseigner niederschlagen. Um einer Flut von Änderungsbescheiden auf Gesellschaftsebene entgegenzuwirken, sind pragmatische Lösungen entsprechend den bereits heute gesetzlich verankerten Neuveranlagungsgrenzen vorstellbar.

(4) *Minderung des Kreises potentieller Risikokapitalgeber durch die steuerliche Mitunternehmerfiktion*

Die Gesellschafter der OHG, der KG und der atypisch stillen Gesellschaft werden steuerlich als »Mitunternehmer« behandelt (§ 15 Abs. 2 EStG). Bei ihnen werden nicht nur die Gewinnanteile als gewerbliche Einkünfte klassifiziert, sondern auch sämtliche anderen Vergünstigungen, die sie für Leistungen zugunsten der Gesellschaft erhalten. Darunter fallen insbesondere Vergütungen für Arbeitsleistungen im Dienst der Gesellschaft, für die Hingabe von Darlehen oder für die Überlassung von Wirtschaftsgütern. Für die Besteuerung werden die von der Gesellschaft genutzten, aber im Eigentum einzelner Gesellschafter stehenden Wirtschaftsgüter als notwendiges Betriebsvermögen in zusätzlichen Sonderbilanzen der Gesellschafter erfaßt. Da gewerbliche Einkünfte und gewerbliches Vermögen steuerlich stark diskriminiert werden, behindert diese Kategorisierung den Eintritt potentieller Gesellschafter in Unternehmen der angeführten Rechtsformen immer dann erheblich, wenn der Gesellschafter umfangreiche Leistungen für die Unternehmung erbringt.

Das geschilderte Hemmnis für eine Unternehmensbeteiligung würde auf einfache Weise beseitigt, indem Arbeitnehmer- und Unternehmereinkommen steuerlich gleichgestellt werden. Es ist weder steuersystematisch noch sozialpolitisch zu rechtfertigen, daß gewerbliche Einkünfte höher besteuert und gleichzeitig zahlreichen Gewerbezweigen Subventionen aus Steuermitteln gezahlt werden. Die aus der Diskriminierung folgende künstliche Strukturverzerrung verstößt gegen heute vorrangige wirtschaftspolitische Zielvorstellungen. Sie benachteiligt - was oft übersehen wird - auch den Arbeitnehmer, für den die Opportunitätskosten eines Wechsels in die unternehmerische Selbständigkeit erhöht werden. Seine Freiheitsräume und seine Unabhängigkeit gegenüber den Arbeitgeber werden beschnitten. Der Abbau der Zusatzbelastungen darf nicht durch Übertragung der Arbeitnehmervergünstigungen auf den Unternehmer erfolgen. Stattdessen sollten, um wirklich einmal Steuervereinfachungen durchzusetzen, ungerechtfertigte Arbeitnehmerprivilegien und Sondersteuern für Unternehmer aufgehoben werden.[39] Die Umstellung müßte

39 Eine knappe Zusammenstellung geben Pütz, P./Meyerhöfer, W., Hemmnisse und Hilfen für Unternehmensgründungen, a.a.O., S. 444–446. Bei politischen Entscheidungen ist jedoch leider der andere Weg leichter durchzusetzen. Um die Diskriminierung gewerblichen Vermögens bei der Vermögensteuer zu mildern, wurden im Haushaltsstrukturgesetz (Gesetz zur Stärkung der Wettbewerbsfähigkeit der Wirtschaft und zur

mit einer allgemeinen Senkung des Einkommensteuertarifs verbunden werden, um ein höheres Besteuerungsniveau bei Wegfall von Freibeträgen zu vermeiden.

Solange die steuerliche Gleichbehandlung verschiedener Einkommenskategorien noch nicht erreicht ist, müssen die Beteiligungshindernisse für Mitarbeiter auf anderem Wege beseitigt werden. Dazu sollte die Klassifizierung in bestimmte Einkunftsarten davon gelöst werden, ob der Steuerpflichtige an einer Unternehmung bestimmter Rechtsform beteiligt ist. Das heißt, die Gesamtbezüge eines Unternehmers aus seiner Unternehmung sollten danach aufgeteilt werden, ob sie auf seine Arbeitsleistung entfallen, ob sie als Entgelt für die Bereitstellung bestimmter Wirtschaftsgüter oder ob sie tatsächlich als Gewinn in volkswirtschaftlichem Sinn zu klassifizieren sind. Die Abgrenzungsschwierigkeiten, die eine solche Konzeption sicherlich mit sich bringen würde, sind bei der Besteuerung von Kapitalgesellschaften heute bereits weitgehend gelöst.

Als zusätzliche Schwierigkeit bleibt nur, daß bei Einzelunternehmen bzw. unbeschränkt haftenden Gesellschaftern eine Abgrenzung zwischen Privat- und Unternehmenssphäre – wie der Konkursfall zeigt – im Grunde nicht möglich ist. Sieht man von fiskalischen Aspekten ab, so dürfte hier ein wesentlicher Grund für die pragmatische Klassifizierung als gewerbliche Einkünfte liegen. Die einheitliche steuerliche Erfassung als gewerbliche Einkünfte könnte für unbeschränkt haftende Gesellschafter auch mit dem Handelsrecht gerechtfertigt werden, da sie gesellschaftsrechtlich neben der Kapitaleinlage zu weiteren Leistungen verpflichtet sind. Als Geschäftsführer oder Vertreter der Unternehmung erfüllen sie in aller Regel typische Unternehmerfunktionen.

Die genannten Rechtfertigungsgründe finden ihre Grenze, wenn ein Gesellschafter ausschließlich zur Bereitstellung einer Kapitaleinlage verpflichtet ist. Bei solchen Gesellschaftern, also vor allem bei Kommanditisten und bei atypisch stillen Gesellschaftern, wird die steuerliche Mitunternehmerfiktion zu einer rein willkürlichen Annahme, der jede ökonomische Grundlage fehlt. Sie kann auch nicht damit begründet werden, daß die beiden genannten Gesellschaftertypen etwa im Gegensatz zum typisch stillen Gesellschafter am Geschäftswert und an den stillen Reserven betei-

Einschränkung von steuerlichen Vorteilen vom 22. Dez. 1983, in: Bundesgesetzblatt, Teil I, S. 1583) nicht die Begünstigungen anderer Vermögensarten aufgehoben. Stattdessen wurde jetzt auch für gewerbliches Vermögen ein zusätzlicher Freibetrag eingeräumt (§ 117 a BewG). Kapitalgesellschaften bleiben bei der Begünstigung unberücksichtigt.

ligt seien; denn dies gilt auch für Gesellschafter einer Kapitalgesellschaft, bei der die Mitunternehmerfiktion nicht greift, ja sogar für die »Einmann-GmbH«, in der die Stellung des geschäftsführenden Gesellschafters wirtschaftlich gesehen der eines Einzelunternehmers gleichkommt.
Um die Diskrepanz zwischen der steuerlichen Behandlung als Mitunternehmer und der tatsächlichen Rechtsstellung eines Kommanditisten abzubauen, schlägt Walz vor, für die Besteuerung zu unterscheiden zwischen aktiven und »nichtunternehmerischen Kommanditisten«.[40] Ausschlaggebend für eine ökonomisch begründete Mitunternehmerschaft sei, ob ein Gesellschafter an der Unternehmensinitiative teil hat. Zumindest sei aber eine ausgeprägte Einflußmacht verknüpft mit der Teilhabe am geschäftlichen Erfolg notwendig.[41] Eine solche Grenzziehung scheint im Grundsatz zweckmäßig. Allerdings ist nicht der Meinung von Walz zu folgen, der für einen »normalen« Kommanditisten aus § 164 HGB solche Einflußmöglichkeiten ableitet. Nach dieser Vorschrift sind lediglich außergewöhnliche Handlungen zustimmungsbedürftig, im übrigen hat der Kommanditist aber keinen Einfluß auf die laufende Geschäftsführung. Wir empfehlen deshalb, bei Kommanditisten wie bei atypisch stillen Gesellschaftern generell auf die mit der steuerlichen Mitunternehmerfiktion verbundene Zurechnungsvorschrift zu verzichten, auch wenn im Einzelfall gesellschaftsvertragliche Regelungen die Position dieser Gesellschafter stark aufwerten können.
Zweifelsohne sind die Übergänge vom Kommanditisten, der eine dem GmbH-Gesellschafter ähnliche Stellung innehat, bis zu dem Kommanditisten, dessen Funktion ökonomisch der Stellung des Einzelunternehmers angenähert ist, fließend. Um nicht neue Ungereimtheiten bei der Besteuerung der unternehmerischen Betätigung zu schaffen, wäre deshalb auch denkbar, statt eines generellen Verzichts auf die Mitunternehmerfiktion den Kommanditisten nur in solchen Fällen steuerlich als Mitunternehmer zu behandeln, in denen er zur Geschäftsführung oder zur Vertretung der Gesellschaft bestellt ist.[42]

40 Walz, W. R., Empfiehlt sich eine rechtsformunabhängige Besteuerung der Unternehmen?, a.a.O., S. F 93 - F 101. Der Begriff »nicht-unternehmerischer Kommanditist« verleitet unseres Erachtens zu Fehlschlüssen. Jeder Gesellschafter einer Unternehmung und selbstverständlich auch jeder Kommanditist erbringt unternehmerische Leistungen. Beim Kommanditisten besteht die Gesellschafterleistung vor allem in der Bereitstellung haftenden Risikokapitals.

41 Ebenda, S. F 95.

42 Ansätze in dieser Richtung enthält auch der niedersächsische Gesetzentwurf für ein Vermögensbildungsgesetz. Bundesrat, Gesetzantrag des Landes Niedersachsen, Entwurf eines Vermögensbildungsgesetzes zur Förderung von Arbeitnehmerbeteiligungen am

Seit dem Vordringen von Publikumspersonengesellschaften zeigt sich die Schwierigkeit immer deutlicher, den Investor in einer Massengesellschaft von mehreren tausend Mitgliedern mit dem Bild des Mitunternehmers zu vereinbaren.[43] Die Legislative sollte das Abgrenzungsproblem nicht wieder allein der Rechtsprechung überlassen.[44] Angesichts zentraler wirtschaftspolitischer Ziele scheint eine grundlegende Revision im Besteuerungsmodus geboten.

Die Fungibilität von Unternehmensanteilen würde wesentlich gesteigert, wenn die Zurechnungsvorschrift des § 15 Abs. 2 Nr. 2, 2. Halbsatz EStG nur noch auf persönlich haftende Gesellschafter angewandt und damit die steuerliche Behandlung von Personengesellschaften stärker an die handelsrechtliche angepaßt würde. Als wesentliche administrative Vereinfachung sei hier lediglich darauf hingewiesen, daß keine steuerlichen Sonderbetriebsvermögen der Kommanditisten und atypisch stillen Gesellschafter mehr in zusätzlichen Sonderbilanzen erfaßt zu werden brauchten. Gleichzeitig würden insoweit auch mobilitätshemmende Veräußerungsgewinne für Wirtschaftsgüter entfallen, die bisher zwingend als Sonderbetriebsvermögen erfaßt werden und damit der Unternehmensbesteuerung unterworfen sind.

Die vorgeschlagene Einschränkung der Mitunternehmerfiktion wird den Kreis potentieller Risikokapitalgeber wesentlich ausweiten. Die an die Fiktion geknüpfte Zurechnungsvorschrift hat sich in der Vergangenheit als wirksame Barriere vor allem für die Beteiligung von Mitarbeitern am arbeitgebenden Unternehmen herausgestellt. Soweit trotzdem Mitarbeiterbeteiligungsmodelle realisiert worden sind, mußten gesellschaftsrechtliche Lösungen gewählt werden, ». . . die für den Arbeitnehmer kaum

Produktivvermögen, BR-Drucksache 239/82 v. 11. Juni 1982. Allerdings soll gerade dieser Vorschlag an juristischen Hürden scheitern. O. V., Der Schub beginnt beim Wohnungsbau, in: impulse, Nr. 11/1982, S. 10–15 (14). Vgl. auch Albach, H., Zur Versorgung der deutschen Wirtschaft mit Risikokapital, a.a.O., S. 102 f.

43 Auch Costede, der im übrigen für die Beibehaltung der Mitunternehmerschaftsfiktion plädiert, gesteht zu, daß die Publikums-GmbH & Co. KG wirtschaftlich wie rechtssoziologisch der Vorstellung von einer Kapitalgesellschaft entspreche. Costede, J., Zentrale Fragen zum Steuerrecht gewerblicher Abschreibungsgesellschaften, in: Steuer- und Wirtschaft, 55. Jg. (1978), S. 23–38 (28).

44 Die Frage, ob eine kapitalistisch organisierte Publikumspersonengesellschaft und deren Gesellschafter steuerlich wie eine Kapitalgesellschaft behandelt werden sollen, liegt an höchstrichterlicher Stelle zur Entscheidung vor. Mit Beschluß vom 26. August 1982 – IV R 207/79 – hat der IV. Senat des Bundesfinanzhofes die Rechtsfrage dem Großen Senat zur Entscheidung vorgelegt. Vgl. im einzelnen o. V., Anrufung des Großen Senats: Einkommen- oder körperschaftsteuerliche Erfassung einer GmbH & Co. KG, deren Gesellschafter nur eine GmbH ist, in: Der Betrieb, 35. Jg. (1982), S. 2329.

durchsichtig sind und wegen ihrer schwerfälligen Handhabung . . . (andere, d. Verf.) Unternehmen von der Übernahme Abstand nehmen lassen«.[45] Das rechtsformspezifische Hemmnis für Mitarbeiterbeteiligungen benachteiligt insbesondere mittelständische Unternehmen, die die erforderliche Betriebsgröße nicht erreichen, bei der die Rechtsform der Aktiengesellschaft ökonomisch rentabel werden kann. Durch die Integration der Vorschrift des § 8 Kapitalerhöhungsgesetz in das Einkommensteuergesetz ab 1984 wird zwar eine bisher einseitige Begünstigung der Mitarbeiterbeteiligung an Aktiengesellschaften auch Unternehmen anderer Rechtsform zugänglich.[46] Die Reform des Vermögensbildungsgesetzes zum 1. 1. 1984 dürfte aber nur wenig dazu beitragen, die Mitarbeiterbeteiligung an mittelständischen Unternehmen zu vereinfachen, da die entscheidenden Hindernisse für die unmittelbare Beteiligung an Kommanditgesellschaften nicht beseitigt worden sind.[47] Bei enger gewordenen Verteilungsspielräumen und der Suche nach neuen Wegen für die tarifliche Lohnpolitik darf das Beteiligungshemmnis »Mitunternehmerschaft« in Zukunft nicht länger außer Acht gelassen werden.[48]

Die Einschränkung der Mitunternehmerfiktion scheint auch wegen der genannten Verstöße gegen vermögens- und wettbewerbspolitische Zielsetzungen geboten. Sie dürfte unter steuersystematischen Aspekten kaum mehr abgelehnt werden, wenn die im vorherigen Kapitel zur Verbesserung der Fungibilität von Unternehmensanteilen genannten Änderungen im

45 Schillert, U./Molsberger, J., Vermögenspolitik und Eigenkapitalversorgung mittelständischer Unternehmen, a.a.O., S. 153 f. Die Autoren haben deshalb bereits damals vorgeschlagen, die Mitunternehmerschaft auf die Fälle zu beschränken, »in denen der einzelne Arbeitnehmer einen nennenswerten Kapitalanteil erreicht (z. B. 1 Prozent) und außerdem aus seinem Kapitalanteil einen nennenswerten Einfluß auf die Geschäftsführung ableiten kann«. Der genannte Prozentsatz dürfte deshalb so niedrig angesetzt worden sein, um die Unhaltbarkeit der Mitunternehmerfiktion besonders herauszustellen.

46 Beteiligungsformen, bei denen der Arbeitnehmer steuerlich als Mitunternehmer behandelt werden müßte, blieben von der Begünstigung weiter ausgeschlossen.

47 Es wird allgemein darauf hingewiesen, daß speziell für mittelständische Unternehmen die stille Beteiligung und der Genußschein in den Förderkatalog des Vermögensbildungsgesetzes aufgenommen worden seien. Abgesehen davon, daß der Anlagekatalog damit weiterhin unvollständig geblieben ist und deshalb weiter umständliche Rechtskonstruktionen notwendig sind, steht die für mittelständische Unternehmen einseitig auf stille Beteiligungen oder auf die Ausgabe von Genußscheinen ausgerichtete Förderung in Widerspruch zu der sozialpolitischen Zielsetzung, den Arbeitnehmern stärkere Mitspracherechte in der arbeitgebenden Unternehmung zu gewähren. Der Genußschein räumt im allgemeinen keinerlei Einwirkungsrechte auf die Unternehmung ein. Zum Wesen des Genußscheins vgl. Kurze, T., Genußscheinkapital als haftendes Eigenkapital, in: Zeitschrift für das gesamte Kreditwesen, 20. Jg. (1978), S. 987–989.

48 Vgl. Breuel, B., Vermögensbildung der Arbeitnehmer setzt Wahlfreiheit voraus, a.a.O., S. 14.

Handelsrecht realisiert würden. Offen ist allerdings noch die Frage, wie denn die Bezüge von Gesellschaftern einer Personengesellschaft, die nicht mehr als Mitunternehmer anzusehen sind, in Zukunft ertragsteuerlich erfaßt werden sollten.

Der neue Besteuerungsmodus muß sicherstellen, daß nicht neue Unterschiede in der Besteuerung entstehen, die ökonomisch nicht gerechtfertigt werden können. Wenn vorerst schon nicht eine Gleichbehandlung bei der Besteuerung *unternehmerischer* und *anderer* Einkünfte erreicht werden kann, so sollte zumindest sichergestellt werden, daß gleichartige *unternehmerische* Einkünfte nicht mehr unterschiedlich besteuert werden. Prinzipiell scheinen drei Wege gangbar:

(1) Behandlung von Kommanditisten und atypisch stillen Gesellschaftern in gleicher Weise wie bisher typisch stille Gesellschafter.

(2) Behandlung von Kommanditisten und atypisch stillen Gesellschaftern in gleicher Weise wie GmbH-Gesellschafter.

(3) Einschränkung der Zurechnungsvorschrift nach § 15 Abs. 1 Nr. 2, 2. Halbsatz EStG ausschließlich auf »echte« Mitunternehmer, das heißt, Kommanditisten und atypisch stille Gesellschafter werden ausgenommen.

Die steuerliche Gleichbehandlung von Kommanditbeteiligungen (atypisch stillen Beteiligungen) mit typisch stillen Kapitalbeteiligungen (1. Alternative), die Walz für »nicht-unternehmerische Kommanditisten« vorschlägt, läßt wesentliche Unterschiede außer Betracht. Anders als bei der Kommanditgesellschaft beteiligt sich der typisch stille Gesellschafter lediglich mit einer Vermögenseinlage am Handelsgewerbe eines anderen (335 HGB); das bedeutet, daß er nicht gesamthänderisch am Betriebsvermögen beteiligt ist. Zwischen dem stillen Gesellschafter und dem Alleininhaber entstehen allein schuldrechtliche Ansprüche.[49] Auf die Willensbildung hat der typisch stille Gesellschafter keinen Einfluß, es sei denn indirekt über die Kündigung seiner Einlage. Abgesehen davon, daß eine Verlustbeteiligung des stillen Gesellschafters völlig ausgeschlossen werden kann, wird die Nähe zum Fremdkapitalgeber (partiarisches Darlehen) auch in der eng begrenzten »Nachhaftung« des »Stillen« für während der Beteiligungszeit entstandene Verluste deutlich (§ 342 HGB). Im Konkursfall kann der stille Gesellschafter seine Einlage, soweit sie den auf ihn entfallenden Verlustanteil übersteigt, sogar als Konkursforderung geltend machen (341 HGB).

49 Vgl. zum Beispiel Fleischer, E./Müller, A., Stille Gesellschaft im Steuerrecht, 3. Aufl., Achim 1979, S. 22.

In den genannten Merkmalen unterscheidet sich der stille Gesellschafter vom Kommanditisten. Mit seiner Beteiligung übernimmt dieser eine zentrale Unternehmerfunktion, und zwar die volle Voraushaftung gegenüber Gläubigern der Gesellschaft. Hier dürfte der entscheidende Grund für eine von der Besteuerung des stillen Gesellschafters abweichende steuerliche Behandlung liegen. Beim stillen Gesellschafter werden Verluste als Werbungskosten bei Kapitaleinkünften steuerlich berücksichtigt, aber nur insoweit, als sie aus der vertraglich festgelegten Verlustbeteiligung entstehen. »Weitergehende Verluste, d. h. solche, die über die vertragliche Beteiligung hinaus entstehen wie etwa durch Konkurs des Geschäftsinhabers, sind beim Stillen Gesellschafter reine Vermögensverluste, können also nicht als Werbungskosten geltend gemacht werden.«[50] Das Steuerrecht folgt damit der handelsrechtlichen Konzeption, die den Stillen Gesellschafter mit dem Anteil, der den vertraglich festgelegten Verlustanteil übersteigt, wie einen Fremdkapitalgeber stellt. Hier unterscheidet sich die Kommanditistenstellung grundlegend von der eines Stillen Gesellschafters, so daß insoweit auch eine entsprechend abweichende steuerliche Erfassung notwendig ist.

Der Kommanditist kommt – und dies gilt bei Umsetzung der vorgeschlagenen handelsrechtlichen Änderungen um so mehr – der ökonomischen Stellung eines GmbH-Gesellschafters sehr viel näher. Unter diesem Aspekt würde im derzeitigen Steuersystem der als zweites genannte Besteuerungsmodus naheliegen; aber es muß dann Körperschaftsteuer gezahlt werden, deren heutige Konzeption zentralen wirtschaftspolitischen Zielvorstellungen zuwider läuft.[51] Eine solche Lösung ist nur sinnvoll, wenn – wie gefordert – das Teilhabersteuersystem bei der Besteuerung von Kapitalgesellschaften konsequent realisiert wird.

Die Einbeziehung von Kommanditisten in das heutige Körperschaftsteuersystem würde die steuerliche Behandlung des Gesellschafterwechsels vereinfachen und insoweit die Fungibilität von Kommanditanteilen begünstigen. Diesem Vorteil stehen aber gewichtige Nachteile in der Besteuerung gegenüber. Insgesamt dürfte das Angebot an Beteiligungskapital zurückgehen. Dies liegt nicht nur in der körperschaftsteuerlichen Begünstigung der internen Selbstfinanzierung begründet, die die Kapital-

50 Fleischer, E./Müller, A., Stille Gesellschaft im Steuerrecht, a.a.O., S. 35.

51 Walz sieht in der generellen Einbeziehung der Kommanditgesellschaft in die Körperschaftsteuer eine Verletzung grundlegender steuerrechtlicher Strukturprinzipien und spielt dabei auf die Verfahrensweise an, Kapitalgesellschaften als eigenes Steuerobjekt zu betrachten. Ökonomisch überzeugt seine Argumentation nicht. Walz, W. R., Empfiehlt sich eine rechtsformunabhängige Besteuerung der Unternehmen?, a.a.O., S. F 99.

markteffizienz herabsetzt, sondern vor allem darin, daß das körperschaftsteuerliche Anrechnungsverfahren die Berücksichtigung von Unternehmensverlusten bei der Einkommensbesteuerung der Gesellschafter weitgehend ausschließt. Dies muß bremsend auf die gesamtwirtschaftliche Investitionstätigkeit wirken. Gerade bei langfristigen und risikoreichen, aber auch besonders innovationsträchtigen Investitionen entstehen im allgemeinen erhebliche Anlaufverluste. Nicht nur eine Haftungsbegrenzung für den einzelnen Anleger liegt hier nahe, sondern auch eine angemessene Risikobeteiligung des Staates. Werden die Verluste steuerlich nicht berücksichtigt, dämpft dies die Investitionsbereitschaft potentieller Risikokapitalgeber.[52]
Die Nachteile einer zwangsweisen Einbeziehung der Kommanditgesellschaft in die Körperschaftsteuer würden bei der dritten Alternative für die steuerliche Erfassung von gewerblichen Einkünften des Kommanditisten nicht auftreten. Das Besteuerungsverfahren für Personengesellschaften kann dann im Prinzip unverändert bleiben; nur erfaßt die besondere Zurechnungsvorschrift nach § 15 Abs. 1 Nr. 2, 2. Halbsatz EStG einen sehr viel enger gefaßten Gesellschafterkreis. Der Leistungsaustausch zwischen Gesellschaft und Gesellschaftern, die nun nicht mehr als Mitunternehmer klassifiziert werden, würde steuerlich so behandelt, als habe er unter Fremden stattgefunden.[53]
Die als Drittes vorgeschlagene Alternative zur Besteuerung der Einkünfte von Gesellschaftern einer Personengesellschaft würde die Fungibilität von Kommanditanteilen weniger verbessern als die generelle Einbeziehung in die Körperschaftsteuer. Der Gesellschafterwechsel bliebe administrativ komplizierter als bei Kapitalgesellschaften. Anschaffungskosten für den Erwerb einer Beteiligung, die den Buchwert der Beteiligung übersteigen,

52 Die fehlende Verlustverrechnungsmöglichkeit bei Kapitalgesellschaften behindert vor allem auch potentielle Unternehmensgründer, da die Gründungsphase in vielen Fällen durch hohe und zum Teil über mehrere Perioden anfallende Anlaufverluste gekennzeichnet ist. Auf der anderen Seite werden Unternehmensgründer wegen der nur schwer kalkulierbaren Gründungsrisiken in die Rechtsform einer Kapitalgesellschaft gedrängt. Der Besteuerungsnachteil dürfte deshalb ein wesentliches Gründungshemmnis sein. Dies gilt besonders für Gründungen aus dem privaten Bereich, da bei privaten Gründern anders als bei sich diversifizierenden Unternehmen ein unternehmensinterner Verlustausgleich nicht möglich ist. Pütz, P./Meyerhöfer, W., Hemmnisse und Hilfen bei Unternehmensgründungen, a.a.O., S. 238.

53 Das würde zum Beispiel bedeuten, daß der Kommanditist sein Grundstück an die Gesellschaft verpachten kann, ohne daß es in den Betriebsvermögensvergleich einbezogen wird. Es entsteht kein Sonderbetriebsvermögen, was die Besteuerung erheblich vereinfacht. In gleicher Weise wäre das Problem der Beteiligung von Arbeitnehmern entschärft.

müßten weiterhin in steuerlichen Ergänzungsbilanzen erfaßt werden. Dennoch wird dieser Lösung der Vorrang eingeräumt; denn für die gesamtwirtschaftliche Investitionstätigkeit dürfte der Vorteil der Verlustverrechnung auf Gesellschafterebene stärker wiegen.
Um zu vermeiden, daß in einzelnen Fällen, in denen der höheren Fungibilität Priorität zukommt, allein der Besteuerungsmodus die unternehmerische Betätigung in der Rechtsform der Kapitalgesellschaft behindert, ist es zweckmäßig, sowohl Personen- als auch Kapitalgesellschaften ein Optionsrecht zwischen den beiden Besteuerungsverfahren einzuräumen. Die Wahl der Rechtsform würde damit von steuerlichen Erwägungen gelöst; die unternehmerischen Gestaltungsfreiräume wären am wenigsten beschnitten.[54] Bei voller Teilhabersteuer wäre ein solches Wahlrecht fiskalisch annähernd neutral in dem Sinne, daß eine Entscheidung der Unternehmungen für die eine oder andere Art der Besteuerung das Steueraufkommen nicht übermäßig beeinträchtigen würde.

2. *Die Organisation des Marktes für Beteiligungskapital*

Eine Stärkung der Fungibilität von Anteilen am Kapital gewerblicher Unternehmen reicht für sich allein noch nicht zur Verbesserung der Eigenkapitalversorgung von Unternehmen aus. Die Transformation privater Ersparnisse unmittelbar in unternehmerische Initiativen setzt voraus, daß potentielle Kapitalnachfrager (Beteiligungskapital suchende Unternehmen oder Unternehmensgründer) und potentielle Kapitalanbieter (private Haushalte) auch zueinander finden. Hier liegt die Aufgabe des Kapitalmarktes. Die Standardisierung des Produkts »Anteil am Eigenkapital gewerblicher Unternehmen« schafft lediglich eine institutionelle Vorbedingung für die Entstehung des Marktes.
Die Funktionsfähigkeit des Marktes für Beteiligungskapital wird entscheidend geprägt durch Markttiefe und Markttransparenz. Läßt man die unmittelbare Konkurrenzbeziehung zum Fremdkapitalmarkt an die-

54 Eine entsprechende Gesetzesänderung dürfte ohne unüberwindbare Übergangsschwierigkeit vergleichsweise kurzfristig realisierbar sein, wenn sie auch ein konzeptionelles Umdenken der Steuerjuristen erfordert. Den Reformpessimismus von Schmidt, der von vorneherein davon ausgeht, daß die Forderung nach Steuerneutralität der Rechtsformen auf absehbare Zeit nicht verwirklicht werden könne, teilen wir nicht. Vgl. Schmidt, R., Rendite und Mitspracherecht müssen stimmen, a.a.O., S. B1.

ser Stelle außer Betracht, so muß die Organisation des Marktes daraufhin überprüft werden, ob der Aufnahme von Beteiligungskapital Hindernisse entgegenstehen, die nicht gerechtfertigt sind. Im Vordergrund stehen zum einen die Zugangsmöglichkeiten potentieller Marktteilnehmer, daneben sind die Verfahren zum Auffinden geeigneter Handelspartner sowie die Möglichkeiten zur »Ermittlung« des Marktpreises zu würdigen.
Bei der Frage nach dem Zugang von Unternehmen zum Markt für Beteiligungskapital können in der Bundesrepublik Deutschland im Grundsatz zwei Gruppen unterschieden werden. Auf der einen Seite stehen Unternehmen, denen rechtlich der Zugang zu hoheitlich organisierten Börsen offensteht. Dazu zählen ausschließlich die nicht viel mehr als 2000 Unternehmen in der Rechtsform der Aktiengesellschaft, die aber den Börsenzugang auch nur zu einem geringen Teil nutzen. Daneben steht die große Zahl der Unternehmen, die nicht in der Rechtsform der Aktiengesellschaft tätig sind – immerhin fast 99 % des gesamten Unternehmensbestandes. Ihnen ist der Marktzutritt zu den Börsen bisher aus rechtlich-institutionellen Gründen versperrt.

a) *Die Börsenzulassung von Aktiengesellschaften*

Für die Aufnahme von Eigenkapital am Kapitalmarkt ist die Aktiengesellschaft die am besten geeignete Rechtsform. Die Börsennotierung bringt für eine Unternehmung eine Reihe von Vorzügen.[55] Die Tatsache, daß trotzdem nur gut ein Fünftel aller Aktiengesellschaften an der Börse notiert wird, zeigt aber deutlich, daß selbst für Aktiengesellschaften dieser Weg der Beteiligungsfinanzierung wenig attraktiv ist. Neben einer Vielzahl von Regelungen, die generell die Eigenkapitalfinanzierung gegenüber der Aufnahme von Fremdkapital diskriminieren, dürfte der Gang an die Börse gegenüber anderen Arten der Eigenkapitalbeschaffung zusätzliche Nachteile aufweisen.
Ein entscheidender Nachteil etwa gegenüber der internen Selbstfinanzierung liegt in den beachtlichen Emissionskosten. Vor der erstmaligen Einführung von Aktien an deutschen Börsen, durch die die hohe Fungibilität dieser Unternehmensanteile erst voll zur Geltung kommen würde, muß die Unternehmung ein umfangreiches Börsenzulassungsverfahren durch-

55 Eine knappe Auflistung der Bedeutung der Börsenhandelsfähigkeit für ein Unternehmen gibt Mettler, M., Die Voraussetzungen der Börsenzulassung von Wertpapieren, Diss. Zürich 1978, S. 5.

laufen. Aber nicht nur dieses administrative und insbesondere bei der Erstzulassung zeitaufwendige Zulassungsverfahren, sondern auch die erheblichen »Eintrittsgelder«, die Beteiligungskapital suchende Börsenneulinge in Form niedriger Ausgabekurse bezahlen müssen, treiben die Emissionskosten in die Höhe und halten viele Unternehmen vom Schritt an die Börse zurück.[56]
Für die Wirtschaftspolitik sind somit zwei wichtige Ansatzstellen vorgegeben, um den Weg börsenfähiger Unternehmen an die Börse zu fördern. Zum einen muß das angewandte Zulassungsverfahren einschließlich existierender Erweiterungsvorschläge[57] auf überflüssige Belastungen für die Unternehmen hin überprüft werden. Daneben sollte der Wettbewerb um die Emission neuer Aktien verstärkt werden, um überhöhte Risikoabschläge bei der Festlegung von Emissionskursen zu verhindern.

(1) *Voraussetzungen für die Zulassung zum amtlichen Börsenhandel*

Die institutionellen Bedingungen für die Zulassung von Aktien zum Börsenhandel dienen in erster Linie zum Anlegerschutz.[58] Während in der älteren Literatur den Zulassungsvorschriften noch die Aufgabe der Qualitätssicherung für die am Börsenverkehr teilnehmenden Effekten zugesprochen wurde (Selektionsfunktion),[59] wird heute, zumindest in der Literatur, die zentrale Bedeutung in der Festlegung von Informationspflichten

56 Sachverständigenrat zur Begutachtung der gesamtwirtschaftlichen Entwicklung, Jahresgutachten 1982/83, a.a.O., Ziff. 344, S. 193, sowie Jahresgutachten 1983/84, a.a.O., Ziff. 555–557, S. 239.

57 Die Umsetzung der EG-Richtlinien zur Börsenzulassung und zum Zulassungsprospekt macht eine Reform des Börsenrechts in der Bundesrepublik Deutschland erforderlich. Die diskutierten Reformansätze lassen im Ergebnis eine Verschärfung der Zulassungsbedingungen befürchten, obwohl die Richtlinien in Einzelbereichen durchaus administrative Vereinfachungen zulassen (vgl. S. 53 ff.). Auch die Vorschläge zur Verbesserung des geregelten Freiverkehrs zeigen nur wenig Mut zu einer echten Reform.

58 Einige Autoren betonen wegen der überbetrieblichen Bedeutung von Unternehmen den Publizitätsanspruch der Öffentlichkeit. Vgl. zum Beispiel Mettler, M., Die Voraussetzungen der Börsenzulassung von Wertpapieren, a.a.O., S. 9 und die dort angegebene Literatur. Wie Mettler bereits andeutet, muß der Publizitätsanspruch der Öffentlichkeit in Zusammenhang mit der Börsenzulassung von Wertpapieren aber eingeschränkt werden auf die Interessen des Kreises potentieller Kapitalanleger. Darüber hinaus ist nicht die Börsenzulassung, sondern der regelmäßige Jahresabschluß der systematisch zweckmäßige Anknüpfungspunkt für Publizitätspflichten von Unternehmen.

59 Vgl. zum Beispiel Glätzner, A., Die rechtliche Natur der Zulassung von Wertpapieren zum Börsenhandel, Diss. Greifswald 1904, S. 20, oder Jacobs, P., Die Zulassung von Wertpapieren zum Börsenhandel, Berlin 1914, S. 31.

gesehen.[60] Die Beschreibung des Unternehmens soll aktuelle und potentielle Kapitalanleger in die Lage versetzen, sich ein eigenes Urteil über die Qualität der gehandelten beziehungsweise angebotenen Wertpapiere zu bilden. Gleichzeitig soll die Standardisierung der zu veröffentlichenden Informationen den Vergleich zwischen verschiedenen Anteilsscheinen erleichtern und damit die Markttransparenz erhöhen. Je besser potentielle Anleger über Risiken und Chancen der miteinander konkurrierenden Anlagemöglichkeiten informiert sind, um so eher kann der Kapitalmarkt seine Allokationsfunktion erfüllen. Unter diesem Aspekt wird oft zur Rechtfertigung regulierender Eingriffe in den Kapitalmarkt neben dem Individualschutz des Anlegers auch ein abstrakter Funktionsschutz angeführt.[61]
Unter dem Einfluß dieses Zielsystems hat sich in den vergangenen Jahrzehnten ein umfangreiches Zulassungsverfahren für Aktien entwickelt. Die maßgeblichen Rechtsgrundlagen enthalten das Börsengesetz und eine Zulassungsbekanntmachung aus dem Jahre 1910.[62] Tragende Bedeutung für die Praxis kommt zur Zeit einer internen Arbeitsunterlage der Zulassungsstellen zu, die »den Mitgliedern der Zulassungsstellen und den Sachbearbeitern der Konsortialbanken und Emissionsinstitute unter Zugrundelegung der derzeitigen Übung Anhaltspunkte für die Vorbereitung und Durchführung des Zulassungsverfahrens geben«[63] soll.
Eine weitere Perfektionierung der vorgeschriebenen Informationspflichten legen zwei EG-Richtlinien aus den Jahren 1979 und 1980 nahe, die Mindesterfordernisse für die Zulassung zum amtlichen Handel und für

60 Der prospekttheoretische Ansatz wird durch § 36 Abs. 3 Buchstabe c BörsG und § 14 Abs. 2 ZulBek um eine Art »negative Bonitätsprüfung« ergänzt (Staudt, E., Publizität der börsennotierten Aktiengesellschaften in Deutschland und Frankreich, Karlsruhe 1972, S. 23 ff.). Nach der Zulassungsbekanntmachung darf die Zulassung nicht ausgesprochen werden, wenn wichtige wirtschaftliche Bedenken entgegenstehen oder wenn der Zulassungsstelle Umstände bekannt sind, die eine erhebliche Benachteiligung der Erwerber der Wertpapiere oder eine Gefährdung erheblicher allgemeiner Interessen befürchten lassen.

61 Kübler, F., Transparenz am Kapitalmarkt, in: Die Aktiengesellschaft, 22. Jg. (1977), S. 85–92 (88).

62 Bekanntmachung betreffend die Zulassung von Wertpapieren zum Börsenhandel vom 4. Juli 1910 (RGBL S. 917), abgedruckt in: Schwark, E., Börsengesetze, München 1976, Anhang III, S. 552–558.

63 Arbeitsunterlage der Zulassungsstellen an den Wertpapierbörsen zu Berlin, Bremen, Düsseldorf, Frankfurt a. M., Hamburg, Hannover, München und Stuttgart vom Frühjahr 1966, Stand: 1. Juli 1974, zitiert nach Mettler, M., Die Voraussetzungen der Börsenzulassung von Wertpapieren, a.a.O., S. 14.

den Börsenprospekt festschreiben.[64] Sollte mit der Umsetzung in nationales Recht tatsächlich eine Verschärfung der Zulassungserfordernisse einhergehen, so würde die Aufnahme von Beteiligungskapital an der Börse erneut erschwert. Selbst wenn auf diesem Weg tatsächlich ein schärferer Anlegerschutz erreicht werden sollte, kann nicht erwartet werden, daß so eine breitere Basis für die Beteiligungsfinanzierung geschaffen werden kann. Würde nämlich auf diese Weise die Beteiligungsfinanzierung erleichtert, dann würden die Unternehmen bereits heute, und zwar aus eigenem Interesse, freiwillig die entsprechenden Angaben publizieren.

aa) *Der Börsenzulassungsprospekt*

Inhalt

Um eine weitere Austrocknung des Kurszettels deutscher Börsen zu vermeiden, sollte bei Umsetzung der EG-Richtlinien auf verschärfende Vorschriften über den Inhalt des Börsenprospektes weitgehend verzichtet werden. Schon in der Vergangenheit hat ein, wie wir meinen, übertriebener und nur vermeintlicher Anlegerschutz so hohe Hürden errichtet, daß selbst für viele Aktiengesellschaften der Zugang zur Börse große Schwierigkeiten aufwirft. Bereits 1980 betonte Schürmann, daß das geltende Börsenrecht und seine Anwendung in der Praxis so einseitig vom Gesichtspunkt des Anlegerschutzes bestimmt sind, ». . . daß wir . . . zwar vorbildlich geschützte Anleger, aber viel zu wenig börsennotierte Unternehmen haben.«[65] Bei den notwendigen Reformen im Kapitalmarktrecht muß wieder in den Vordergrund rücken, daß ein »maximaler« Anlegerschutz, der im übrigen das marktwirtschaftliche Lenkungssystem ausschalten würde, nicht die gesamtwirtschaftlich optimale Lösung bedeutet. Er würde einerseits dem Interesse der Anleger an einer möglichst breiten Palette

64 Europäische Gemeinschaften, Richtlinie des Rates vom 5. März 1979 zur Koordinierung der Bedingungen für die Zulassung von Wertpapieren zur amtlichen Notierung an einer Wertpapierbörse, (Zulassungsrichtlinie), in: Amtsblatt der Europäischen Gemeinschaften, Nr. L/66/21-25 sowie Richtlinie des Rates vom 17. März 1980 zur Koordinierung der Bedingungen für die Erstellung, die Kontrolle und die Verbreitung des Prospektes der für die Zulassung von Wertpapieren zur amtlichen Notierung an einer Wertpapierbörse zu veröffentlichen ist, (Prospektrichtlinie), in: Amtsblatt der Europäischen Gemeinschaften, Nr. L 100/1-26.

65 Schürmann, W., Familienunternehmen und Börse, Wiesbaden 1980, S. 19. Im gleichen Sinne Engels, W., Die Aktie muß wiederentdeckt werden, a.a.O.

von Anlagemöglichkeiten entgegenstehen, was auch bedeutet, daß die Konkurrenz um die Ersparnisse der Anleger sinken würde. Auf der anderen Seite hätte ein so verstandener Anlegerschutz eine unvollkommene Versorgung der Unternehmen mit Risikokapital zur Folge.
Die Umsetzung der EG-Richtlinien in nationales Recht sollte dazu genutzt werden, die Usancen der Börsenzulassung transparenter zu machen und zu vereinfachen. Einen ersten Ansatz bietet dazu die Fixierung eindeutiger Prospektschemata, die durch Art. 5 Abs. 1 der Prospektrichtlinie zwar nicht der Form, aber dem Inhalt nach vorgeschrieben ist.[66] In der Bundesrepublik Deutschland wissen potentielle Emittenten heute nur ungenau, welchen Anforderungen ein Börsenzulassungsprospekt genügen muß; denn die für die Praxis bedeutende »Arbeitsunterlage« der Zulassungsstellen ist nicht öffentlich zugänglich.[67] Es fällt schwer, sachliche Argumente für diese Geheimniskrämerei zu finden, zumal die Zulassungsstellen in begründeten Fällen von ihren eigenen Vorschriften abweichen können.[68] Ein obligatorisches Prospektschema wird die herrschende Rechtsunsicherheit für Emittenten weitgehend beseitigen.[69] Gleichzeitig dient das standardisierte Prospektschema dem Leser, da neben der größeren Übersichtlichkeit auch der Vergleich verschiedener Angebote zur Kapitalanlage erleichtert wird.[70]
Zusätzlich sollte durch eine weitgehende Ausnutzung der Gestaltungsräume, die die EG-Richtlinie den nationalen Gesetzgebern für die Prospektpflicht und für die Festlegung des Mindestprospektinhalts gelassen hat, versucht werden, die Beteiligungsfinanzierung über die Börse weiter zu erleichtern. Im Rahmen der Richtlinie kann eine Reihe von Zulassungserfordernissen abgebaut werden, ohne das Informationsbedürfnis potentieller Anleger in einem gesamtwirtschaftlich unerwünschten Maß zu beschneiden.

66 Für die Zulassung von Aktien gilt Schema A der Prospektrichtlinie vom 17. März 1980, Amtsblatt der Europäischen Gemeinschaften Nr. L 100/11-18.
67 Klages, J., Die Richtlinie der EG über den Börsenzulassungsprospekt, Baden-Baden 1981, S. 93.
68 Staudt, E., Publizität der börsennotierten Aktiengesellschaften in Deutschland und Frankreich, a.a.O., S. 31 f. Wettbewerbspolitisch unerwünscht ist die damit verbundene Stärkung der Konsortialbanken, denen die »Arbeitsunterlage« zugänglich ist. Außenseiter, denen dieser Zugang fehlt, sind praktisch von der Vorbereitung der Börsenzulassung ausgeschlossen.
69 Da Art. 5 Abs. 1 der Prospektrichtlinie lediglich auf den Inhalt des Prospektes abstellt, bleiben die Schemata im Einzelfall anpassungsfähig. Klages, J., Die Richtlinie der EG über den Börsenzulassungsprospekt, a.a.O., S. 105.
70 Pabst, R., Prospektzwang und Prospekthaftung in den sechs Gründerstaaten der EWG und der Schweiz, Diss. Mainz 1972, S. 422.

Mit der bevorstehenden Umsetzung der 4. EG-Richtlinie (Bilanzrichtlinie) in nationales Recht werden die Publizitätspflichten von Unternehmen in haftungsbeschränkenden Rechtsformen stark ausgeweitet, und zwar unabhängig davon, ob es sich um personenbezogene Unternehmen handelt oder um solche, deren Anteile unter einem breiten Publikum gestreut sind.[71] Wird weiter einbezogen, daß die »Zulassungsrichtlinie« die laufenden Publizitätspflichten amtlich notierter Unternehmen zusätzlich erhöht, verliert die Einmalpublizität des Börsenzulassungsprospektes bei etablierten Unternehmen insoweit ihre Bedeutung, als sie sich auf die wirtschaftliche Lage des Emittenten bezieht.[72] Potentielle Anleger können diese Informationen ohne großen Aufwand aus anderen Publikationen entnehmen, so daß ein zusätzlicher behördlicher Regulierungszwang überflüssig ist. Die in der EG-Richtlinie vorgesehenen Möglichkeiten zur Befreiung von der Prospektpflicht sollten deshalb in das nationale Recht übernommen werden.

Die Richtlinie gestattet, daß die Zulassung bestimmter Aktien begünstigt wird, wenn Aktien derselben Gattung bereits amtlich notiert werden.[73] Hierunter fallen insbesondere Berichtigungsaktien sowie Aktien, die in Zusammenhang mit Wandelschuldverschreibungen oder Optionsscheinen ausgegeben werden. Eine bedeutende und bisher in der Bundesrepublik Deutschland nicht gekannte Befreiungsmöglichkeit nennt Art. 6 Nr. 3a Prospektrichtlinie. Hiernach kann auf den Börsenprospekt verzichtet werden bei der Zulassung von Aktien, die weniger als 10 % der bereits zugelassenen Aktien derselben Gattung ausmachen. Vor allem viele Kapi-

71 Bisher liegt lediglich ein Regierungsentwurf vor: Bundesrat, Entwurf eines Gesetzes zur Durchführung der Vierten Richtlinie des Rates der Europäischen Gemeinschaften zur Koordinierung des Gesellschaftsrechts (Bilanzrichtlinie-Gesetz), BR-Drucksache 61/82 vom 16. März 1982.

72 Die Inhaltsanforderungen der Prospektschemata sind oft kritisiert worden, weil die Bedeutung der Einmalpublizität des Zulassungsprospektes gegenüber der laufenden Publizität überschätzt werde. Der Ansicht Klages', daß diese Kritik überholt sei, seitdem mit der Wertpapierzulassungsrichtlinie vom 5. März 1979 der Bedeutung der laufenden Publizität Rechnung getragen wurde, kann nicht gefolgt werden (Klages, J., Die Richtlinie der EG über den Börsenzulassungsprospekt, a.a.O., S. 109 f.). Im Gegenteil, je weitreichender potentielle Anleger durch laufende Publizität über die Qualität kapitalsuchender Unternehmen bereits informiert sind, um so eher kann auf eine erneute Veröffentlichung vor einer Börsenzulassung verzichtet werden.

73 Vgl. zu den Befreiungsmöglichkeiten im einzelnen Art. 6 der Prospektrichtlinie. Durch die hier aufgelisteten Fälle werden vornehmlich etablierte Unternehmen begünstigt, die den Schritt an die Börse bereits hinter sich haben. Newcomer an der Börse müssen unverändert hohe Eintrittskosten tragen. Für sie wird der Gang an die Börse allenfalls indirekt angeregt, weil sie nach der Ersteinführung mit günstigeren Möglichkeiten bei der Kapitalaufnahme rechnen können.

talerhöhungen durch die Ausgabe junger Aktien dürften durch die 10 %-Klausel begünstigt werden.[74] In den genannten Fällen wird als ausreichend angesehen, wenn anstelle eines umfangreichen Prospektes lediglich ein Dokument veröffentlicht wird, das Angaben über das Zulassungsverfahren und die zuzulassenden Aktien enthält.
Neben der völligen Freistellung von der Prospektpflicht erlaubt die Prospektrichtlinie in Artikel 8 und 9 verkürzte Prospektschemata, wenn die gleichen Wertpapiere bereits an der Börse amtlich notiert werden und den Altaktionären ein Bezugsrecht auf die zuzulassenden Papiere eingeräumt wird. Die Übernahme dieser Vereinfachungsmöglichkeiten in nationales Recht dürfte den Anlegerschutz nicht unzulässig einschränken, da das Publikum aufgrund der bereits notierten Wertpapiere des Emittenten beziehungsweise anhand anderer Publikationen des Emittenten sich die ausgesparten Informationen beschaffen kann.

Form der Veröffentlichung

Ein wesentlicher Bestandteil der beim Schritt an die Börse anfallenden Emissionskosten sind die Kosten der Veröffentlichung von Zulassungsantrag und Zulassungsprospekt. Nach der Zulassungsbekanntmachung muß der vollständige Prospekt mindestens in einer inländischen Zeitung abgedruckt werden (§§ 16 und 12 Abs. 2 Zul Bek). Daneben wird heute von den Zulassungsstellen generell auch die Veröffentlichung im Bundesanzeiger vorgeschrieben.[75] Allein die Druckkosten des Prospektes hat Fritsch im Jahr 1978 mit 50 000,— DM bis 100 000,— DM geschätzt.[76]
Durch die Ausweitung der Gestaltungsfreiräume von Unternehmen bei der Veröffentlichung des Zulassungsprospektes können die anfallenden Kosten tendenziell gesenkt werden. Ziel der Veröffentlichungspflicht ist es, potentiellen Anlegern und interessierten Dritten möglichst einfach und schnell die festgelegten Informationen über den Emittenten und die zu emittierenden Papiere zukommen zu lassen. Daß dabei in jedem Fall der Abdruck in einer verbreiteten Tageszeitung sowie im Bundesanzeiger die wirtschaftlich optimale Lösung bedeutet, ist zweifelhaft. Es sind andere, möglicherweise werbewirksamere und auch kostengünstigere Methoden denkbar, um dem Informationsbedürfnis potentieller Eigenkapitalgeber nachzukommen. Gedacht wird an das bei einer Reihe ausländischer Bör-

74 Klages, J., Die Richtlinie der EG über den Börsenzulassungsprospekt, a.a.O., S. 85.
75 Klages, J., Die Richtlinie der EG über den Börsenzulassungsprospekt, a.a.O., S. 171.
76 Fritsch, U., Die Eigenkapitallücke in der Bundesrepublik, Köln 1981, S. 74.

sen angewandte Verfahren einer gesonderten Broschüre, die die vorgeschriebenen Informationen enthält und die für Dritte leicht, etwa auf Anforderung, zugänglich ist.[77] Regulierende Eingriffe des Staates sind nur insoweit erforderlich, als der Prospektinhalt festgelegt wird und sichergestellt wird, daß der Prospekt leicht zugänglich ist. Die Prospektrichtlinie der Europäischen Gemeinschaften stellt den Einzelstaaten beide Veröffentlichungsmodalitäten frei. In jedem Fall wird aber zusätzlich die Publizierung in einem zweiten, staatlich festgelegten Veröffentlichungsforum vorgeschrieben. In der Bundesrepublik Deutschland wäre dies der Bundesanzeiger, der damit zu einer ». . . Evidenzzentrale für sämtliche in dem Mitgliedsstaat erscheinenden Prospekte«[78] wird. Ob der gesamte Prospekt ein zweites Mal abgedruckt werden muß oder ob ein Hinweis auf die Prospektveröffentlichung ausreicht, ist einzelstaatlicher Regelung vorbehalten.

Eine Abkehr vom Prinzip der Börsenpflichtblätter kommt nach Klages für die Bundesrepublik Deutschland nicht in Frage. Er rechtfertigt dies mit beträchtlichen wirtschaftlichen Interessen und zielt dabei auf Zeitungsverleger ab, für die die Prospektanzeigen eine nicht unwesentliche Einnahmequelle darstellten. Gesamtwirtschaftlich ist seine Argumentation nicht haltbar. Es sollten im Gegenteil möglicherweise ressourcensparende Verfahrensinnovationen nicht behördlich verbaut werden. Da beide Alternativen sicherstellen, daß die Prospektinformation für Anleger leicht zugänglich ist, kann und sollte letztlich dem Unternehmer freigestellt werden, den Zulassungsprospekt als Broschüre oder durch Zeitungsanzeige zu veröffentlichen. Darüber hinaus scheint eine Hinweispublizität im Bundesanzeiger ausreichend.[79] Ein zusätzlicher vollständiger Abdruck des Prospektes an dieser Stelle dürfte die Informationsbeschaffung für Dritte nicht wesentlich erleichtern, beziehungsweise die Vorteile dürften

77 In den Europäischen Gemeinschaften ist die Broschürenform vorgesehen in den Niederlanden, in Dänemark, Belgien, Luxemburg, Frankreich sowie Italien. Vgl. auch Schmidt, H., Mehr Unternehmen an die Börse durch differenzierte Marktorganisation, in: Hanseatische Wertpapierbörse Hamburg, Jahresbericht 1981, Hamburg 1982, S. 4–17 (12 f.).

78 Klages, J., Die Richtlinie der EG über den Börsenzulassungsprospekt, a.a.O., S. 181.

79 Anderer Ansicht: Klages, J., Die Richtlinie der EG über den Börsenzulassungsprospekt, a.a.O., S. 181 und 183. Klages sieht in einem zentralen Veröffentlichungsmedium vor allem Vorteile für diejenigen, die sich von Berufs wegen mit der Lektüre von Prospekten beschäftigen. Abgesehen davon, daß diese Personengruppe kaum eines besonderen Schutzes bedarf und in der Regel die anderen Zugangsmöglichkeiten zum Börsenprospekt nutzen kann, muß bei Abwägen des Nutzens der doppelten Publizität auch einbezogen werden, daß der Zulassungsprospekt bei dem erreichten hohen Standard an laufender Publizität materiell ohnehin weitgehend funktionslos geworden ist.

die damit verbundenen Kosten nicht ausgleichen. Um die Emissionskosten niedrig zu halten, sollte deshalb lediglich vorgeschrieben werden, im Bundesanzeiger auf den Börsenprospekt und die Bezugsmöglichkeit hinzuweisen.

bb) *Sonstige Erfordernisse*

Zulassungsantrag und Börsenprospekt sind die Grundlagen für eine Einbeziehung von Aktien in den Börsenhandel. Ergänzt werden sie durch eine Reihe zusätzlicher Anforderungen an die Wertpapiere beziehungsweise an die emittierende Unternehmung, die nach der EG-Richtlinie allerdings nur für die Zulassung zur *amtlichen* Börsennotierung obligatorisch sind. Hingewiesen sei zum Beispiel auf die besonderen laufenden Publizitätspflichten von Unternehmen, deren Aktien am Börsenhandel teilnehmen, sowie auf drucktechnische Anforderungen, die Fälschungen vorbeugen sollen.[80] Ordnungspolitisch problematisch sind vor allem die in der EG-Richtlinie vorgesehenen Anforderungen an die Größe der Unternehmung und an ihre bisherige Existenzdauer.
Als Mindestgröße für die Börsenfähigkeit einer Unternehmung schreibt die Zulassungsrichtlinie vor, daß der voraussichtliche Börsenkurswert der zuzulassenden Aktien eine Million Europäische Rechnungseinheiten beträgt. Bei einem Umrechnungskurs von rund 2,26 DM/ECU im Januar 1984 ergibt sich ein Mindestmarktwert der Aktien von ca. 2,26 Mill. DM. Die *rechtlich vorgeschriebene* Mindestunternehmensgröße für die Zulassung zum amtlichen Börsenhandel wird damit gegenüber dem derzeitigen Niveau in der Bundesrepublik Deutschland um ein Mehrfaches nach oben geschraubt.[81] Sie wirkt aber solange noch nicht als unüberwindbare Marktzutrittsbarriere, wie die ökonomisch notwendige Mindestunternehmensgröße darüber liegt. Gellner bezifferte bereits 1968 das für die Organisationsform der Aktiengesellschaft wirtschaftlich notwendige Nennkapital mit 3–4 Mill. DM.[82] Heute wird das für den amtlichen Börsenhandel

80 Vgl. im einzelnen Schema A und Schema C im Anhang der Zulassungsrichtlinie vom 5. März 1979.

81 In der Praxis hat sich in Anlehnung an § 1 Zulassungsbekanntmachung für alle Börsen in der Bundesrepublik Deutschland ein Mindestnennbetrag von 500 000,— DM herausgestellt. Nach Fritsch liegt der Mindestnennbetrag bei Neuemittenten zwischen 3 und 5 Mill. DM. Fritsch, U. Mehr Unternehmen an die Börse, Köln 1978, S. 116.

82 Gellner, B., Wird die kleine und mittlere Unternehmung diskriminiert?, in: Volkswirtschaftliche Schriften, Heft 126, Berlin 1968, S. 45.

notwendige Emissionsvolumen allgemein mit fünf Mill. DM angegeben.[83]
Die Tatsache, daß die für den Schritt an die Börse ökonomisch erforderliche Mindestgröße einer Unternehmung das rechtliche Erfordernis ohnehin übersteigt, vermag allerdings die rechtliche Fixierung des Marktzutrittshindernisses nicht zu rechtfertigen. Sie macht im Gegenteil die behördliche Regulierung überflüssig. Hier Änderungen zu fordern ist angesichts der neu erlassenen EG-Richtlinie zwar unrealistisch. Bei Umsetzung in nationales Recht könnte jedoch eine extensive Ausnutzung der Ausnahmeregelung nahegelegt werden. Nach der Zulassungsrichtlinie braucht die rechtliche Mindestunternehmensgröße nicht beachtet zu werden, »sofern die zuständigen Stellen die Gewißheit haben, daß sich für die betreffenden Aktien ein ausreichender Markt bildet.«[84] Alternativ ist denkbar, und dies wird an späterer Stelle erörtert,[85] ein zusätzliches Marktsegment an der Börse zu organisieren, für das nur geringere Zutrittsanforderungen festgeschrieben werden.[86]
Wenn in der Bundesrepublik Deutschland bereits für große Unternehmen in der Rechtsform der Aktiengesellschaft der Schritt an die Börse auf eine nur schwer überwindbare Hürde stößt, so ist dieser für junge Unternehmen praktisch ausgeschlossen. Gesamtwirtschaftlich erwünschte, junge und dynamische Unternehmen, die sich mit über die Börse beschafftem Risikokapital mutig in forschungsintensiven Zukunftsbranchen engagieren, fehlen in unserem Lande völlig.[87] Eine der Ursachen für diese Erscheinung dürfte darin liegen, daß solche Unternehmungen nicht die Voraussetzungen für die Einbeziehung in den amtlichen Handel beziehungsweise in den geregelten Freiverkehr erfüllen.[88] Wenn auch das Börsenge-

83 Herlitz, P., Der Gang an die Börse, in: Zeitschrift für das gesamte Kreditwesen, 35. Jg. (1982), S. 172–175 (172).
84 Anhang, Schema A Nr. I 2 Zulassungsrichtlinie vom 5. März 1979.
85 Vgl. S. 77–84.
86 Diese Möglichkeit wird von der Zulassungsrichtlinie implizit vorgegeben. Im Schema A wird den Mitgliedsstaaten erlaubt, eine höhere Mindestgröße für die Zulassung von Unternehmen zum amtlichen Handel festzulegen, wenn es einen anderen geregelten Markt mit geringeren Zulassungsanforderungen gibt, der anerkannt und offen und dessen Funktionsweise ordnungsgemäß ist.
87 Martin, P., Die Zukunft findet an deutschen Wertpapierbörsen bisher kaum statt, in: Handelsblatt, Nr. 204 vom 22./23. Oktober 1982, S. B 13. Die Entwicklung im Jahre 1984 deutet allerdings auf einen Umdenkprozeß und eine gewisse Aufbruchstimmung hin. Ob diese Entwicklung nachhaltig ist, muß noch abgewartet werden.
88 Schürmann, W., Familienunternehmen und Börse, a.a.O., S. 205. Zwar sind die Hürden für die Zulassung zum geregelten Freiverkehr nach den Vorschriften deutlich niedriger als beim amtlichen Handel. Die bisherige praktische Handhabung dürfte die Unterschiede aber verwischt haben.

setz und die Zulassungsbekanntmachung nicht eindeutig ein »Mindestalter« des Emittenten vorschreiben, so hat sich doch in der Praxis als Grundvoraussetzung für die Zulassung herausgestellt, daß der Emittent in der Vergangenheit für drei bis fünf Jahre seine Ertragskraft bewiesen haben sollte.[89] Auch in Bankenkreisen wird eine solche Qualitätsprüfung nicht mehr bestritten: »Der Emittent soll eine positive Geschäftsentwicklung gewährleisten. Dies können im Regelfall nur etablierte Unternehmen. Entsprechend wird für die Zulassung zum amtlichen Handel gefordert, daß die Unternehmen wenigstens 5 Jahre wirtschaftliche Erfolge erzielt und angemessene Gewinne ausgeschüttet haben, davon mindestens ein Jahr in der Rechtsform der AG oder KGaA.«[90]
Die Zulassungsrichtlinie der EG greift diesen Gedanken auf, indem sie für die Zulassung vorschreibt, daß die Gesellschaft ihre Jahresabschlüsse für die drei dem Antrag auf Zulassung zur amtlichen Notierung vorausgegangenen Geschäftsjahre veröffentlicht haben muß.[91] Zwar läßt die Richtlinie in Ausnahmefällen Abweichungen zu. Die besondere Reglementierung legt aber nahe, daß bei Gründungsemissionen sehr viel restriktiver geprüft werden muß, ob die Gewähr besteht, daß Anleger über die notwendigen Informationen verfügen, die ein begründetes Urteil über die Gesellschaft erlauben.
Die Praxis hat gezeigt, daß eine solche Vorgehensweise einer Bonitätsprüfung zumindest nahekommt und Newcomern den Zutritt an die amtliche Börse versperrt. Dies ist weder gesamtwirtschaftlich wünschenswert, noch dürfte damit dem Interesse potentieller Anleger gedient sein. Zweifelsohne sind Gründungsemissionen für den Anleger mit überproportionalen Risiken verbunden.[92] Aber es widerspricht marktwirtschaftlichen Prinzipien, wenn ein von behördenähnlichen Institutionen ausgehender patriarchalischer Anlegerschutz die Übernahme der spezifischen und nicht zu unterschätzenden Gründungsrisiken durch einen breiten Kreis von Risikokapitalgebern verhindert.
Risikobereiten Anlegern sollten solche Anlagealternativen nicht vorenthalten bleiben. Es ist nicht einzusehen, warum jungen, expansionsfähigen Unternehmen, die sich mit der Rechtsform der Aktiengesellschaft bereits

89 Ebenda, S. 185 sowie Fritsch, U., Mehr Unternehmen an die Börse, a.a.O., S. 117.
90 Seipp, W., Ein Zweitmarkt könnte den Zugang zur Börse erleichtern, in: Handelsblatt, Nr. 251 vom 30./31. 12. 1983, S. 15.
91 Anhang, Schema A Nr. I 3 Zulassungsrichtlinie vom 5. März 1979.
92 Die hohe Risikoanfälligkeit junger Unternehmen äußert sich in einem überproportionalen Anteil dieser Unternehmen an den Unternehmensinsolvenzen. Vgl. Pütz, P./Meyerhöfer, W., Hemmnisse und Hilfen für Unternehmensgründungen, a.a.O., S. 39–42.

einer Fülle von zwingenden, die Vertrags- und Gestaltungsfreiheit beschränkenden Vorschriften unterworfen haben, zusätzliche Hindernisse bei der Aufnahme von Risikokapital in den Weg gelegt werden.[93] Dem Anlegerschutz dürfte auch hier Genüge getan sein, wenn potentielle Anleger auf die erhöhten Gründungsrisiken hingewiesen werden. Darüber hinausgehende administrative Zugangshindernisse, wie Albach sie auch für ein Börsensegment mit erleichterten Zugangsvoraussetzungen vorschlägt,[94] müssen gesondert begründet werden: Es ist nicht Aufgabe der Behörden, spekulativ eingestellte Anleger von der Übernahme limitierter unternehmerischer Risiken abzuhalten, sofern die Anleger hinreichend Gelegenheit erhalten, sich über die betreffenden Risiken zu informieren. Allerdings können spektakuläre Firmenzusammenbrüche das Börsenklima in einer Weise nachteilig beeinflussen, daß auch sonst solide Firmen, etwa durch Wertverluste bei eigenen Anlagen oder durch erschwerte Finanzierung, in Schwierigkeiten geraten. Solche negativen externen Effekte lassen sich aber durch die bisher üblichen Bonitätsprüfungen kaum vermeiden, sondern werden dadurch nur verdrängt: Man weicht in undurchsichtigere Finanzierungsformen aus und betreibt eine Börsenoptik, etwa über Dividendenkontinuität, Gewinn- und Verlustausgleich im Konzern, unbemerktes Ansammeln und Auflösen von Reserven usw. Der dadurch von Schwankungen entwöhnte Anleger kann um so nervöser reagieren, wenn sich Anpassungen trotzdem nicht vermeiden lassen. Das geeignete Mittel zur Minderung der erwähnten externen Effekte ist nicht die Zugangsbeschränkung, die ja riskante Engagements nur von der Börse, aber nicht von der Volkswirtschaft fernhält. Vielmehr ist die Öffnung des Marktes und der Börse bei strengen Sanktionen für schuldhaft falsche Informationen das geeignete Mittel, um die Anleger in der Auslese richtiger Objekte zu schulen und den zukunftsträchtigen neuen Unternehmungen bessere Chancen in der Eigenkapitalbeschaffung zu gewähren. Die Börse wird damit außerdem ein zuverlässigerer Indikator für die gesamtwirtschaftliche Situation, an der sich entgegengesetzte Strömungen besser ausgleichen können.

Wird die Zulassung spekulativer Aktien junger Unternehmen zum amtlichen Handel trotz entgegenstehender wirtschaftspolitischer Ziele skeptisch betrachtet, weil in der amtlichen Börsennotierung noch immer eine

93 Schürmann, W., Familienunternehmen und Börse, a.a.O., S. 199–207.

94 Nach Albach sollten die zuzulassenden jungen Unternehmen mindestens zwei Jahresabschlüsse vorlegen. Albach, H., Zur Versorgung der deutschen Wirtschaft mit Risikokapital, a.a.O., S. 110.

Art Gütesiegel gesehen wird,[95] so könnte den Interessen von Unternehmen und Anlegern gedient werden, indem an der Börse entweder die Anforderungen für den geregelten Freiverkehr tatsächlich lockerer gehandhabt würden oder indem ein zusätzliches Marktsegment mit geringeren Zugangserfordernissen organisiert würde (vgl. S. 77 ff.).

(2) *Das Zulassungsverfahren*

In der Bundesrepublik Deutschland liegt die Entscheidung über die Zulassung von Wertpapieren bei an den Börsen gesondert eingerichteten Zulassungsstellen, die sich im wesentlichen aus Vertretern der Banken und der Industrie zusammensetzen.[96] Grundlage für die Zulassungsentscheidung sind Zulassungsantrag und Börsenprospekt.[97] Die Stellung des Zulassungsantrages ist den an der Börse vertretenen Kreditinstituten vorbehalten (§ 5 ZulBek). Damit wird das Zulassungsgeschäft zu einem closed shop mit den bekannten negativen Folgen für die Marktform und das Verhalten der Anbieter. Verschärft wird das wettbewerbspolitische Problem durch die Übung, Emissionskonsortien zu bilden, deren Beteiligte die zu begebenden Aktien nach festgelegten Quoten übernehmen und weiterveräußern.[98] Dies mindert den Wettbewerb unter den verschiedenen Bankinstituten zugunsten des Wettbewerbs zwischen konkurrierenden Konsortien. Soweit tatsächlich eine Erstarrung der Emissionskonsortien festgestellt werden kann und auch die Konsortialquoten weitgehend festliegen,[99] kann der Kartellcharakter kaum abgeleugnet werden.
Der mangelnde Wettbewerb bei den Emissionskonsortien dürfte mit ein Grund sein für die auch im internationalen Vergleich hohen Emissionsko-

95 Gefördert wird eine solche Betrachtung auch dadurch, daß oft an die Aufnahme in den amtlichen Handel oder in den geregelten Freiverkehr die Lombard- und Deckungsstockfähigkeit der Wertpapiere geknüpft wird. Daß eine solche Betrachtung nicht immer aufrecht erhalten bleiben kann, zeigen die jüngsten Insolvenzen großer etablierter Aktiengesellschaften wie Beton- und Monierbau AG sowie AEG.

96 Klages, J., Die Richtlinie der EG über den Börsenzulassungsprospekt, a.a.O., S. 119 ff.

97 Zum Inhalt des Zulassungsantrages und den beizufügenden Unterlagen vgl. § 9 ZulBek sowie Fritsch, U., Mehr Unternehmen an die Börse, a.a.O., S. 142.

98 Zur Beurteilung der Emissionskonsortien aus der Sicht des Bundeskartellamtes vgl. Kartte, W., Die Sicht des Bundeskartellamtes zum Wettbewerb in der Kreditwirtschaft, in: bank und markt, 10. Jg. (1981), S. 5–11 (6).

99 Simmert, D. B., Banken-Reform oder Verstaatlichung, in: aus politik und zeitgeschichte, Heft 23/1975 vom 6. Juni 1975, S. 24.

sten in der Bundesrepublik Deutschland.[100] Die Bankenprovision, die berechnet wird für die Emissionsvorbereitung, die Begebung der Aktie und die Börseneinführung sowie für die Übernahme des Finanzierungsrisikos und der Prospekthaftung schätzt Fritsch mit 5 % des Nominalbetrages.[101] Im Einzelfall dürften diese Kosten stark schwanken und vor allem davon abhängen, ob es sich um eine Ersteinführung handelt oder um eine Emission an der Börse bereits gut etablierter Unternehmen. Die genannte Provisionsrate spiegelt die Emissionskosten bei Neuemissionen aber nur unzureichend wider. Eine wesentliche Erhöhung des »Eintrittsgeldes« folgt daraus, »daß die Emissionshäuser die Emissionskurse eher niedrig festzusetzen pflegen. Die Banken, die die Aktien übernehmen und an der Börse einführen, wollen damit gewährleisten, daß die Emission sicher untergebracht werden kann«.[102]

Niedrige Emissionskurse sind kein überzeugender Schutz für den Kapitalanleger. Handelt es sich bei den an der Börse neu eingeführten Aktien um eine Erstplazierung, dann erhält der Emittent nur den niedrigeren Kurs abzüglich der Emissionskosten. Der der Gesellschaft zufließende Betrag wird verkleinert, so daß auch der innere Wert der Aktie entsprechend abnimmt. Werden die an der Börse einzuführenden Wertpapiere von den Altaktionären bereitgestellt, so hat ein unter dem Marktpreis liegender Emissionskurs keinen Einfluß auf den Wert der Aktie. Bei rationierter Zuteilung erhält der erste Erwerber eine Kontingentsrente; vor späteren Kursschwankungen schützt ihn diese aber nicht. Seinem Vorteil steht der Nachteil der Altaktionäre gegenüber.[103]

100 Sachverständigenrat zur Begutachtung der gesamtwirtschaftlichen Entwicklung, Jahresgutachten 1982/83, a.a.O., Ziff. 344, S. 193.

101 Fritsch, U., Die Eigenkapitallücke in der Bundesrepublik, a.a.O., S. 74. Als Erfahrungswert für die genannten Kosten der Börseneinführung nennt Kniehl 6 bis 9 Prozent des emittierten Betrages. Kniehl, H.-J., Praktische Erfahrungen mit der Emission von Aktien, in: Unternehmensfinanzierung heute, Neue Chancen für die Aktie, hrsg. von Mühlhaupt. L./Wielens, H., Frankfurt am Main 1978, S. 227–246 (241).

102 Sachverständigenrat zur Begutachtung der gesamtwirtschaftlichen Entwicklung, Jahresgutachten 1979/80, a.a.O., Ziff. 364, S. 151. Martin, P., weist darauf hin, daß fast alle Neuemissionen mehrfach überzeichnet werden. Ders., Neu an der Börse, in: Handelsblatt, Nr. 9 vom 14. Jan. 1982, S. 6.

103 Wenn auch im Rahmen der gesetzlich vorgeschriebenen Depotprüfung die Ordnungsmäßigkeit der Zuteilungsverfahren durch Wirtschaftsprüfer überwacht wird, kann nicht völlig ausgeschlossen werden, daß die Konsortien bei der Zuteilung einzelne Gruppen bevorzugen. Ist der Emissionskurs wirklich wesentlich zu niedrig, wie etwa bei der Börseneinführung von Aktien der Porsche AG und der Nixdorf Computer AG, deren Erstnotierung um ca. 20 % über dem Emissionskurs lag, so bedeuten Unregelmäßigkeiten bei der Zuteilung eine Bereicherung der Begünstigten auf Kosten der Aktiengesellschaft und des Publikums.

Den Hinweis der Banken auf die Risiken des Emissionsgeschäfts zur Begründung der hohen Emissionskosten hat der Sachverständigenrat zu Recht in Frage gestellt. So könnten Voraussetzungen dafür geschaffen werden, daß sich die Banken vom Emissionsrisiko entlasten: Sie müßten die Möglichkeit haben, die Unterbringung der Aktien nicht mehr zu garantieren, sondern nur als Makler aufzutreten. Der Emittent könnte dann wählen, ob er einen festen Geldbetrag sofort sicher haben will oder die neuen Aktien auktionieren lassen möchte.
Darüber hinaus legen umfangreiche Plazierungen risikoreicher Beteiligungstitel auf dem sogenannten »grauen Kapitalmarkt« die Vermutung nahe, daß sich die ungünstige Kostensituation der Banken im Emissionsgeschäft und der wenig entwickelte Zustand des deutschen Aktienmarktes wechselseitig bedingen. Das Universalbankensystem birgt die Gefahr, daß Marktchancen für eine Expansion des Effektengeschäfts durch das rentable Kreditgeschäft überdeckt und mögliche Kostendegressionen im Emissionsgeschäft deshalb nicht genutzt werden.[104] Ein »Rosinenpicken« durch zusätzliche Konkurrenten im Geschäft um die Börseneinführung von Unternehmen wird durch die closed-shop Regelung verhindert. Um die Börse einem erweiterten Kreis von Aktiengesellschaften zugänglich zu machen, sollte durch wirtschaftspolitische Maßnahmen versucht werden, den Wettbewerb um die Börseneinführung von Unternehmen zu intensivieren und so die Emissionskosten zu senken. Dazu sollte einerseits das Interesse der Banken an Neuemissionen gestärkt und andererseits neuen Berufsgruppen der Zugang zum Emissionsgeschäft ermöglicht werden (vgl. S. 66 f.).

aa) *Bonitätsprüfung und Prospekthaftung*

Ein wesentlicher Grund für die Zurückhaltung der Banken bei Erstemissionen liegt in der mit dem heutigen Zulassungsverfahren praktisch gekoppelten Qualitätsprüfung der Wertpapiere. Zwar wird eine solche ordnungspolitisch nicht vertretbare Bonitätsprüfung im Wortlaut der Zulassungsvorschriften nicht vorgesehen; dadurch aber, daß der Zulassungsantrag ausschließlich von Banken gestellt werden kann und sie mit ihrer Unterschrift unter dem Zulassungsprospekt die Haftung für die Richtigkeit und Vollständigkeit des Prospektes übernehmen, geben die Banken der

104 Sachverständigenrat zur Begutachtung der gesamtwirtschaftlichen Entwicklung, Jahresgutachten 1982/83, a.a.O., Ziff. 344, S. 193.

zuzulassenden Aktie eine Art Gütesiegel.[105] Die rechtlich nicht fundierte, psychologische Wirkung auf potentielle Anleger, welche in der »Bankprüfung« ein solches Gütesiegel sehen, beinhaltet bei Mißerfolgen erhebliche Risiken für den Ruf der Bank. Die anderen Bankgeschäfte würden davon nicht unberührt bleiben. Ein Verzicht auf die heute zwingende Unterschrift von Banken unter dem Zulassungsprospekt dürfte dieser Interpretation, die den Anleger über das unternehmerische Risiko täuscht, vorbeugen.[106] Sie steigert gleichzeitig die Bereitschaft der Banken, bei Erstemissionen mitzuwirken, und dürfte die bisher streng gehaltene Bonitätsprüfung bei der Börsenzulassung auflockern.

Die Anleger werden nicht wirklich geschützt, wenn die Börsenzulassung von Aktien so restriktiv gehandhabt wird, daß neue Anlagemöglichkeiten ausgeschlossen bleiben und die Börse schließlich austrocknet. Der Anleger muß nur ausreichend informiert werden, damit er in Kenntnis der wirtschaftlichen Tatsachen selbst entscheiden kann, welche Risiken er eingehen will. Ist der Anleger über das mit der Aktienanlage insbesondere bei jungen Unternehmen unzweifelhaft vorhandene Risiko voll informiert, dann wird er das Emissionstanding der Banken nicht mehr daran messen, ob die Fehlerquote »null« ist; einzel- wie auch gesamtwirtschaftlich ist vielmehr entscheidend, »wieviele Neuemissionen die Bank insgesamt durchgeführt hat und welche Quote gegenüber erfolgreichen Emissionen die zwangsläufig anfallenden Mißerfolge ausmachen.«[107] In der Vergangenheit dürfte ein falscher Ehrgeiz in dieser Hinsicht den Sinn des Aktienmarktes verfälscht und Neuemissionen unnötig erschwert haben.

Gegen die Abschaffung der Prospekthaftung könnte prinzipiell angeführt werden, daß die Emission der Wertpapiere und die Verantwortung für den Prospekt aneinander gekoppelt sein müßten. Nur so könne der Anleger vor irreführenden und betrügerischen Informationen über die Qualität der Wertpapiere geschützt werden. Dieser Einwand vernachlässigt zum einen eine mögliche Handhabung der Börseneinführung, wie sie in der Vergangenheit oft praktiziert wurde.[108] Wird nämlich der Börsenprospekt

105 Nach Seipp ». . . müssen die Aktienemittenten . . . im Interesse des Anlegerschutzes einen gewissen Mindeststandard an ›Güte‹ erfüllen; auf diese Weise soll eine Übervorteilung der Anleger vermieden werden.« Seipp, W., Ein Zweitmarkt könnte den Zugang zur Börse erleichtern, a.a.O., S. 15.

106 Ob Banken freiwillig ihre Unterschrift unter den Börsenprospekt setzen und damit freiwillig Haftungsfunktionen übernehmen, ist eine Frage des Verkaufsmarketings. Entscheidend ist, daß der institutionelle Zwang zur Bankenunterschrift beseitigt wird.

107 Schürmann, W., Familienunternehmen und Börse, a.a.O., S. 206.

108 Während die Begebung und die Börseneinführung von Wertpapieren früher unmittelbar gekoppelt waren, wurde die Börsenzulassung in den letzten Jahren teilweise erst

erst nach der eigentlichen Plazierung veröffentlicht, dann bleibt die privatrechtliche Prospekthaftung ohnehin weitestgehend ohne Inhalt. Darüber hinaus bleibt offen, warum der Gesetzgeber gerade den Banken die Verantwortung für den Prospekt zuschiebt. Die für das Zulassungsverfahren beizubringenden Informationen müssen letztlich vom emissionswilligen Unternehmen selbst zur Verfügung gestellt werden, so daß das Haftungsprinzip primär für das Unternehmen beziehungsweise für dessen handelnde Organe greift. Zum Schutz der Anleger vor irreführenden oder unvollständigen Prospektangaben sollte der Haftungsumfang an dieser Stelle möglichst weit gezogen werden. Damit die Haftung bei vermögenslosen Gesellschaften nicht ins Leere geht, könnte an eine Durchgriffshaftung der Mitglieder geschäftsführender Organe sowie an eine strafrechtliche Erfassung gedacht werden.[109] Der Wegfall der obligatorischen Prospekthaftung von Emissionsmaklern würde dazu führen, daß diese Makler ihre Aktivität stärker auf *Vermittlung* von Informationen verlagern und weniger als schützender Vormund der Anleger auftreten.

bb) *Selbständige Emissionsmakler*

Standardisierte Börsenzulassung und Wegfall der obligatorischen Prospekthaftung von Emissionsmaklern sind günstige Voraussetzungen dafür, auf den Maklerzwang bei Emissionen zu verzichten, mindestens aber weitere Berufsgruppen zum Emissionsgeschäft zuzulassen. Um die negativen Wirkungen der im Universalbankensystem eventuell auftretenden Interessenkonflikte zu vermeiden, hat Muthesius die Zulassung selbständiger Emissionsmakler empfohlen, deren Aufgabe einzig darin bestehen sollte, ». . . möglichst viele Aktiengesellschaften zu gründen und mög-

beantragt, nachdem die Unterbringung der Wertpapiere bereits abgeschlossen war. Die erstmalige Plazierung von Aktien erfolgte als Fremdbegebung über das Bankensystem. Vgl. zum Beispiel Gericke, H., Die Börsenzulassung von Wertpapieren, Wiesbaden 1961, S. 27 und 63, sowie Klages, J., Die Richtlinie der EG über den Börsenzulassungsprospekt, a.a.O., S. 41 ff. Die Zulassungsstellen scheinen heute allerdings wieder auf eine frühzeitige Veröffentlichung des Prospekts vor der Emission der Aktien zu drängen.

109 Nach dem Entwurf eines zweiten Gesetzes zur Bekämpfung der Wirtschaftskriminalität soll ein neuer § 264a (Kapitalanlagebetrug) in das Strafgesetzbuch eingeführt werden, nach dem irreführende Prospektangaben mit einer Freiheitsstrafe von bis zu 3 Jahren oder mit Geldstrafe bestraft werden. Vgl. Lenners, U.-J., Die Haftung des Anlageberaters, in: Bankinformation, Heft 9/1982, S. 32 f.

lichst viele Aktien zu verkaufen.«[110] Hierzu dürfte der Kreis der nach § 34c Abs. 1 Nr. 1 b Gewerbeordnung zugelassenen Anlageberater besonders geeignet sein.[111] Sie organisieren bereits heute mit großem Erfolg – allerdings nur außerhalb der amtlichen Börsen – den Vertrieb von Anteilen an gewerblichen Unternehmen und anderen Risikokapitalanteilen.
Gegen die Ergänzung des Universalbanksystems um selbständige Emissionsfirmen, wird aus Bankenkreisen hauptsächlich eingewandt, »... daß verselbständigte Emissionshäuser die Bestimmungsgründe einer Umwandlung (in die Rechtsform der Aktiengesellschaft zur Emission der Anteilsscheine, Anm. d. Verf.) nur schwerlich beurteilen und deshalb ihren Einfluß nur begrenzt ausüben könnten. Außerdem hätte das in Deutschland traditionell praktizierte Verfahren den Vorteil, daß die für die Börseneinführung in Betracht kommenden Gesellschaften nach Bonitätsgesichtspunkten ausgesucht werden könnten, weil ein ›Geschäftszwang‹, wie ihm Spezialhäuser unterlagen, nicht gegeben sei«.[112] Wie gezeigt wurde, dürfte aber gerade die Bonitätsprüfung, wie sie heute von den Banken angewandt wird, wesentlich zur mangelnden Ausstattung der Unternehmen mit Risikokapital beigetragen haben. Die Aufgabe starrer Bonitätsgesichtspunkte spricht daher eher für selbständige Emissionsfirmen. Dazu kommt, daß selbstverständlich auch spezialisierte Emissionsfirmen, wollen sie Bestand haben, bei von ihnen vermittelten Anteilsscheinen auf die Bonität der Unternehmen Rücksicht nehmen müssen. Sie können das Vertrauen der Anleger in ihre Leistung nur erhalten, wenn sie sicherstellen, daß die Zahl der Mißerfolge in einem ausgewogenen Verhältnis steht zu erfolgreichen Neuemissionen. Der durch selbständige Makler belebte Wettbewerb im Emissionsgeschäft wird die Qualität der Beratungsleistung erhöhen, weil die Emissionsmakler nicht zuletzt durch Zuverlässigkeit und guten Ruf miteinander konkurrieren müssen. Die Qualitätsprüfung über den Markt tritt somit an die Stelle bürokratischer Bonitätskontrollen.
Behördliche Regulierungen zum Anlegerschutz sind nur insoweit gerechtfertigt, als sie eine zutreffende Information der Anleger sicherstellen. Damit kann nicht begründet werden, daß Börsenemissionen den etablierten Banken vorbehalten bleiben müssen. Im Gegenteil, die bestehende gesetz-

110 Muthesius, P., Neue Aktiengesellschaften, in: Zeitschrift für das gesamte Kreditwesen, 30. Jg. (1977), S. 549 f.
111 Pütz, P./Meyerhöfer, W., Hemmnisse und Hilfen für Unternehmensgründungen, a.a.O., S. 352 f.
112 Fritsch, U., Mehr Unternehmen an die Börse, a.a.O., S. 139 f.

liche Regelung schränkt den Wettbewerb zwischen Anlagevermittlern ein und begünstigt so unter dem Gesichtspunkt der Markteffizienz übermäßige Bonitätsprüfungen. Sie bedeuten für emissionswillige Unternehmen eine marktmäßig nicht zu rechtfertigende Marktzutrittsschranke, welche den Interessen der Anleger an einem breiten Spektrum von Anlagealternativen entgegensteht. Bei gesicherter Information sollte dem einzelnen Anleger überlassen bleiben, nach eigenen Sicherheitspräferenzen über seine Risikokapitalanlage zu entscheiden. Da zudem die für die Börsenzulassung einzureichenden Unterlagen von der Zulassungskommission auf Vollständigkeit und teilweise auch auf sachliche Richtigkeit überprüft werden, dürfte der Anlegerschutz nicht an Wirksamkeit verlieren, wenn auch nach der Gewerbeordnung zugelassenen Anlageberatern die Besorgung der Börsenzulassung erlaubt würde. Damit würde die potentielle und auch die aktuelle Konkurrenz um die Emission neuer Aktien gesteigert, was die Kosten der Beteiligungsfinanzierung über die Börse senken dürfte.

b) *Die Beteiligungsfinanzierung von Unternehmen, die nicht in der Rechtsform der Aktiengesellschaft geführt werden*

(1) *Unzureichende Möglichkeiten zur Aufnahme von Beteiligungskapital für kleine und mittlere Unternehmen*

Die Vorschläge zur Verbesserung des Börsenzugangs, die die Eintrittsgelder an der Börse senken würden, begünstigen ausschließlich Unternehmen in der Rechtsform der Aktiengesellschaft. Ihre Zahl ist, bezogen auf den Gesamtunternehmensbestand, sehr gering. Allen übrigen Unternehmen ist heute der Zugang zur behördlich organisierten Börse für Beteiligungskapital schon wegen ihrer Rechtsform versperrt, und zwar auch dann, wenn sie die ökonomisch notwendige Mindestunternehmensgröße überschritten haben. Für sie bleibt die Aufnahme von Beteiligungskapital solange weiter ein Problem ersten Ranges, wie negative Merkmalsausprägungen der Aktiengesellschaft eine Umwandlung in diese Rechtsform nachteilig erscheinen lassen. Es genügt deshalb nicht, den Börsenhandel in Aktien funktionsfähiger zu machen und mehr Aktiengesellschaften den Zugang zur Börse zu öffnen. Solange die für Aktiengesellschaften in der Bundesrepublik Deutschland bestehenden gesetzlichen Anforderungen nicht gesenkt werden, ist diese Rechtsform für kleinere Unternehmen nicht geeignet.

Unternehmen, die nicht als Aktiengesellschaften firmieren, sind bei der Suche nach geeigneten Partnern für die Beteiligungsfinanzierung auf die Maklertätigkeit von Kreditinstituten und anderen Beratungsunternehmen angewiesen oder können versuchen, über Anzeigen in Tages-, Wirtschafts- oder Fachzeitschriften Kontakte zu potentiellen Risikokapitalgebern zu knüpfen. Die Beurteilung Geisers, daß auf diesen Wegen die Beteiligungsfinanzierung nur unbefriedigend gelöst werden kann, gilt auch heute noch.[113]
Seit einigen Jahren haben verschiedene Industrie- und Handelskammern sogenannte »Existenzgründungsbörsen« errichtet. Mit dem speziellen Vermittlungsdienst soll zum einen ». . . gründungswilligen Personen der Weg in die unternehmerische Selbständigkeit erleichtert werden, indem die Möglichkeit des Erwerbs von bestehenden Betrieben oder der tätigen Beteiligung an Unternehmungen geboten wird. Auf der anderen Seite will die Kammer . . . auch den Mitgliedsunternehmen eine Hilfestellung bei der Suche nach einem Nachfolger bzw. einem Teilhaber geben . . .«.[114] Ob dieser im Grundsatz positive Ansatz auf breiter Basis Erfolg haben wird, bleibt abzuwarten. Solange die Fungibilität von Unternehmensanteilen nicht allgemein verbessert wird, ist zu erwarten, daß über die »Existenzgründungsbörsen«, die in der gesammelten Publizierung von Beteiligungsofferten bestehen, lediglich Kontakte für »schwere«, das heißt individuell auszuhandelnde und oft auch »tätige« Beteiligungen geknüpft werden können. Die bisher publizierten Beteiligungsangebote bestätigen diese Vermutung. Das Kapital eines breiteren Publikums kann mittelständischen Unternehmen auf diesem Weg nicht erschlossen werden. Auch die seit mehr als einem Jahrzehnt tätigen Kapitalbeteiligungsgesellschaften haben diese mißliche Situation bisher nicht ändern können.[115] Daß die strukturellen Mängel dieser Gesellschaften nicht zuletzt auf die Bedingungen für die öffentliche Förderung zurückzuführen sind,[116] ändert

113 Geiser, J., Zur Problematik der Wachstumsfinanzierung mittelständischer Industriebetriebe, Beiträge zur Mittelstandsforschung, Heft 53, Göttingen 1979, S. 35 f.

114 Industrie- und Handelskammer zu Aachen, Jahresbericht 1981, Aachen 1982, S. 41.

115 Nach den Erhebungen und Schätzungen Freyers hielten die Kapitalbeteiligungsgesellschaften im Jahre 1979 insgesamt nur 904 Beteiligungen mit einem Beteiligungsvolumen von weniger als 1 Mrd. DM.
Freyer, E., Die Kapitalbeteiligungsgesellschaft als Instrument der Wirtschaftspolitik, Frankfurt am Main 1981, S. 205.

116 Vgl. Schillert, U./Molsberger, J., Vermögenspolitik und Eigenkapitalversorgung mittelständischer Unternehmen, a.a.O., S. 161–167 sowie Sachverständigenrat zur Begutachtung der gesamtwirtschaftlichen Entwicklung, Jahresgutachten 1982/83, a.a.O., Ziff. 342, S. 192.

nichts an dem einhelligen Urteil über den nur bescheidenen Erfolg der Kapitalbeteiligungsgesellschaften.[117] Ob die seit Ende 1982 unter dem werbewirksamen Kodewort »venture capital« neu gegründeten Kapitalbeteiligungsgesellschaften wesentliche Verbesserungen bringen, muß abgewartet werden. Daß allein die strenge gesetzliche Reglementierung von Unternehmensbeteiligungsgesellschaften Besserungen bringen kann, scheint zweifelhaft.[118]
Es bleibt festzuhalten, daß heute in der Bundesrepublik Deutschland für kleine und mittlere Unternehmen ein funktionsfähiger Markt für Beteiligungskapital nicht existiert. Deshalb ist von verschiedenen Seiten angeregt worden, speziell für diese Unternehmen einen neuen Typ von Aktiengesellschaft zu schaffen, wobei über eine Annäherung an das Schweizer Modell nachgedacht wird.[119] Die Aufspaltung der Organisationsform der Aktiengesellschaft in zwei Rechtsformtypen bringt neue Abgrenzungsschwierigkeiten mit sich und dürfte das derzeitige Gesellschaftsrecht komplizieren. Wir halten diesen Weg nicht für zweckdienlich, da die angestrebten Verbesserungen bei der Beteiligungsfinanzierung kleiner und mittlerer Unternehmen auch im Rahmen der bestehenden Rechtsformalternativen erreicht werden können. Grundvoraussetzungen hierfür würden bereits mit den in den früheren Kapiteln vorgeschlagenen Maßnahmen geschaffen. Es wurden nämlich zum einen Bereiche angegeben, in denen die Bedingungen für den Zugang zur Aktiengesellschaft und für die Börseneinführung derzeit übermäßig hoch festgelegt sind. Sie können ohne Verletzung übergeordneter Ziele abgebaut werden, und zwar generell und nicht nur für einen bestimmten Typ von Aktiengesellschaft. Daneben wurden zugunsten von Unternehmen, die nicht als Aktiengesellschaft geführt werden, Maßnahmen vorgeschlagen, die die Fungibilität

117 Sachverständigenrat zur Begutachtung der gesamtwirtschaftlichen Entwicklung, Jahresgutachten 1983/84, a.a.O., Ziff. 562, S. 241.

118 Der Vorentwurf eines Gesetzes zur Förderung der Eigenkapitalfinanzierung inländischer Unternehmen durch Unternehmensbeteiligungsgesellschaften (Stand: März 1984) enthält abschreckend detaillierte Regulierungen. Es wäre zweckmäßiger, die Handelbarkeit von Beteiligungstiteln zu verbessern und ihre steuerliche und sonstige Diskriminierung zu vermindern, anstatt komplizierte neue Fonds zu schaffen.

119 Sachverständigenrat zur Begutachtung der gesamtwirtschaftlichen Entwicklung, Jahresgutachten 1979/80, a.a.O., Ziff. 367, S. 151. In der Schweiz ist die Aktiengesellschaft eine beliebte Organisationsform. Allein im Jahr 1981 wurden 7100 neue Aktiengesellschaften gegründet. Dem standen 2700 Abgänge gegenüber. Die Zahl der registrierten Aktiengesellschaften erhöhte sich damit zum Ende des Jahres 1981 auf 113 500 Gesellschaften. 48 % aller Gesellschaften verfügen lediglich über das Mindeststammkapital von 50 000,— Franken. Vgl. o. V., Aktiengesellschaften in der Schweiz, in: FAZ Nr. 98 vom 28. April 1982, S. 13.

der Eigenkapitalanteile steigern. Mit diesen Maßnahmen ließen sich die zentralen rechtlich-institutionellen Voraussetzungen für die Bildung eines funktionsfähigen Marktes für Beteiligungskapital erfüllen. Die Wirtschaftspolitik sollte aber nicht an dieser Stelle stehen bleiben, sondern bemüht sein, zusätzlich einen auf kleine und mittlere Unternehmen besonders zugeschnittenen, in den Grundzügen standardisierten Markt für Beteiligungskapital anzubieten.

Damit wird der Vorschlag des Sachverständigenrates zur Begutachtung der gesamtwirtschaftlichen Entwicklung aufgegriffen, auch für Anteilsscheine an Unternehmen, die nicht als Aktiengesellschaft betrieben werden, eine Börse zu organisieren, wie wir sie seit Jahrzehnten für Aktien kennen.[120] Ähnlich wie an der Aktienbörse kann erwartet werden, daß durch die Standardisierung des Handels mit Anteilsscheinen die individuellen Informations- und Kontrollkosten (geringere Handelsrisiken) des An- und Verkaufs von Beteiligungswerten gesenkt werden können. Das zusätzliche Börsensegment würde zu einer Art Evidenzzentrale, auf der die zentralen Informationen für Anleger offengelegt werden, nämlich die Preise für Beteiligungen an den angeschlossenen Unternehmen. Die Konzentration des Beteiligungshandels auf einen zentralen Zirkulationsmarkt begünstigt die Bildung marktgerechter Preise. Sie sorgt für Transparenz des Marktes und schnellere Verbreitung von Informationen und schützt damit den weniger fachkundigen Anleger vor Übervorteilung durch Insider.[121]

Ob die genannten allgemeinen Vorteile des Börsenhandels tatsächlich auch beim Handel mit Beteiligungen an kleineren oder risikoreicheren Unternehmen auftreten, müßte in der Bundesrepublik Deutschland erst noch geprüft werden. In der Regel dürften die Handelskosten und die Anlegerrisiken auf dem neuen Börsensegment höher liegen als auf den etablierten Aktienmärkten. Ein negatives Qualitätsurteil über das neue Börsensegment kann daraus aber noch nicht abgeleitet werden. Wahrscheinlich werden die Handelskosten und Handelsrisiken auf dem neu zu organisierenden Zirkulationsmarkt geringer sein, als sie es im außerbörslichen Handel waren.

120 Sachverständigenrat zur Begutachtung der gesamtwirtschaftlichen Entwicklung, Jahresgutachten 1979/80, a.a.O., Ziff. 367, S. 151; Jahresgutachten 1983/84, a.a.O., Ziff. 561, S. 240 ff.

121 Engels, W., Art. »Börsen und Börsengeschäfte« in: Handwörterbuch der Wirtschaftswissenschaften (HdWW), 15. Jg., Stuttgart/Tübingen/Göttingen 1978, S. 56–69 (60).

(2) *Publikumspersonengesellschaften und »grauer« Kapitalmarkt*

Die wachsende Bedeutung von Publikumspersonengesellschaften, etwa in Form von Abschreibungsgesellschaften oder Bauherrengemeinschaften, macht deutlich, ». . . daß im Grundsatz auch Unternehmen, die nicht in der Rechtsform der Aktiengesellschaft geführt werden, der Kapitalmarkt geöffnet werden kann«.[122] Allerdings haben Anleger, die zunächst mit Steuervorteilen in solche Beteiligungen gelockt wurden, in der Vergangenheit oft die Schwierigkeiten einer späteren Liquidation zu spüren bekommen. Bei Neuanlagen ist die Veräußerbarkeit der Anteile zu einem wichtigen Entscheidungskriterium geworden. Die Initiatoren solcher Unternehmen versuchen deshalb zunehmend, für den An- und Verkauf von Anteilen unternehmensinterne Clearingstellen anzubieten. Zum Teil wird hiermit bereits im Emissionsprospekt geworben. Dieser erste Schritt zur Entwicklung eines Zirkulationsmarktes für Anteile an Nichtaktiengesellschaften birgt den Nachteil, daß die unternehmensinterne Börse für Dritte nur schwer zugänglich ist.

Der Nachteil des verengten Marktes sollte nach einer Gesetzesinitiative des Landes Niedersachsen zur Förderung der Mitarbeiterbeteiligung sogar gesetzlich institutionalisiert werden. Der im Bundesrat eingebrachte, inzwischen aber nicht weiter verfolgte Gesetzesantrag macht die Förderung davon abhängig, daß der Verkauf nicht börsenfähiger Beteiligungswerte nach Ablauf der Sperrfrist an unternehmensfremde Personen erschwert wird. Es ist nämlich ein gesetzliches Vorkaufsrecht zu einem vertraglich festgesetzten Rückkaufswert für das Unternehmen und danach für die anderen am Unternehmen Beteiligten vorgesehen, sofern die Förderung in Anspruch genommen wird. Unternehmen, die hierauf verzichten und ihre Arbeitnehmer-Anteilseigner insoweit besser stellen, machen damit die Förderung zunichte.[123]

122 Pütz, P./Meyerhöfer, W., Hemmnisse und Hilfen für Unternehmensgründungen, a.a.O., S. 354.

123 Bundesrat, Gesetzesantrag des Landes Niedersachsen: »Entwurf eines Vermögensbildungsgesetzes zur Förderung von Arbeitnehmerbeteiligungen am Produktivvermögen, BR-Drucksache 239/1982 vom 11. Juni 1982. Einen materiellen Sinn hat die vertragliche Festlegung eines bestimmten Verfahrens zur Ermittlung des Rückkaufswertes nur, wenn ein niedrigerer Wert festgelegt wird als der, den ein Außenstehender bieten würde. Der verkaufswillige Anleger soll also für seinen Austritt aus dem Beteiligungsverhältnis einen Vermögensverzicht hinnehmen. Außerdem ist noch vorgesehen, daß eine jährliche Gesamtauszahlungssumme nicht überschritten wird und die Beträge ratenweise auszuzahlen sind.
Bei diesen Vorschriften hat wohl die Befürchtung mittlerer Unternehmungen Pate gestanden, man könne vor die Wahl einer »Überfremdung« oder eines allzu starken Ab-

Da das Emissionsvolumen auf dem »grauen« Kapitalmarkt im vergangenen Jahrzehnt einen erheblichen Umfang hatte und jährlich mehrere Milliarden hinzukommen, wird zwangsläufig auch das Transaktionsbedürfnis der Anleger weiter wachsen. Gleichzeitig steigt auch der Anreiz für private Vermittler, bei der Organisation der Handelswünsche behilflich zu sein. Der funktionierende Marktmechanismus wird »automatisch« findige Organisatoren auf den Plan rufen, die dazu beitragen dürften, die noch bestehenden Nachteile des Zirkulationsmarktes nach und nach abzubauen.[124]

Vor allem von einigen Juristen wird das Vordringen der Publikumspersonengesellschaften skeptisch betrachtet. Man befürchtet eine Umgehung des Rechtsinstituts der Aktiengesellschaft, die speziell auf einen größeren Gesellschafterkreis ausgerichtet ist und für deren Anteilseigner zunehmend verfeinerte Schutzvorschriften erlassen worden sind.[125] Dabei wird unterstellt, daß die Anlegerschutzvorschriften bei anderen Unternehmensformen nicht ausreichend seien. Der empirische Befund über die Ri-

flusses von Mitteln gestellt werden. Für Kommanditanteile und stille Beteiligungen und noch viel mehr für bloße Genußscheine ist aber diese Befürchtung nicht berechtigt, sofern handelsrechtliche Gestaltungsfreiheit zugelassen wird. Bei Kommanditisten und stillen Gesellschaftern besteht nach den §§ 166, 338 HGB nur ein eingeschränktes Kontrollrecht, so daß die Gefahr einer Auslieferung von Geschäftsgeheimnissen an unerwünschte neue Kommanditisten nicht sehr schwer wiegt. Wird sie gleichwohl befürchtet, so kann der Verkauf des Kommanditanteils an die Zustimmung des Komplementärs oder der Gesellschafterversammlung gebunden werden. Das gleiche gilt für Befürchtungen, daß ein neuer Kommanditist die sonstigen Rechte (Kündigung, Rechte nach § 164 HGB) mißbrauchen könnte. Es kann der Einschätzung der Beteiligten überlassen werden, ob sie diese Gefahren so hoch bewerten, daß die Zustimmungsbedürftigkeit zum Verkauf der Beteiligungstitel vertraglich vorgesehen werden muß. Gesetzliche Beschränkungen sind überflüssig.

Eine öffentliche Förderung sollte sogar entgegen dem niedersächsischen Entwurf nicht davon abhängig gemacht werden, daß besonders einschränkende Bedingungen an den Verkauf der Anteile geknüpft werden. Vielmehr könnte die Förderung an besonders liberale Regelungen zugunsten der Arbeitnehmer gebunden werden. Wenn das Kündigungsrecht des einzelnen Kommanditisten oder stillen Gesellschafters vertraglich eingeschränkt werden kann, also die Auflösung der Gesellschaft auch an eine Mehrheitsentscheidung der Kommanditisten gebunden werden darf oder hierzu auch eine qualifizierte Minderheit vorgesehen werden kann, besteht genügend Gestaltungsspielraum, um auch der Gefahr eines Abflusses von Mitteln aus einem bestehenden Unternehmen vorzubeugen.

124 Schmidt, H., Mehr Unternehmen an die Börse durch differenzierte Marktorganisation, a.a.O., S. 6.

125 Kübler spricht von der Aufgabe eines Grundsatzes, der sich aus einer institutionellen Betrachtungsweise erschließe: »daß nämlich die Aufnahme von Kapital durch öffentliches Angebot gegenüber einer Vielzahl von Sparern der AG vorbehalten ist.« Kübler, F., Unternehmensstruktur und Kapitalmarktfunktion – Überlegungen zur Krise der Aktiengesellschaft, in: Die Aktiengesellschaft, 26. Jg. (1981), S. 5–13 (6).

sikokapitalaufnahme am Aktienmarkt zeigt die Gefahr einer solchen Grundeinstellung. Die Konsequenz wäre, daß entweder die vermeintlichen Anlegerschutzvorschriften auf Nicht-Aktiengesellschaften übertragen werden müßten oder daß die Aktiengesellschaft, um ihre ursprüngliche Funktion wieder zu erfüllen, auf anderem Weg attraktiver gestaltet werden müßte. Sieht man von Subventionsmöglichkeiten ab und werden Besteuerungsmodus und Arbeitnehmermitbestimmung für unantastbar gehalten, so ist ein Nachteilsausgleich für die Aktiengesellschaft nur denkbar, indem die Belastung anderer Unternehmen an das Niveau angeglichen wird,[126] das bei der Aktiengesellschaft erreicht ist. Dieser von Kübler angedeutete Weg birgt aber nur eine ökonomische Scheinlösung; denn ein eventueller Zustrom zur Aktiengesellschaft würde ausschließlich zu Lasten der übrigen Rechtsformen gehen. Insgesamt dürfte das Angebot an Beteiligungskapital zurückgehen.[127] »Jede zusätzliche Belastung (der Nicht-Aktiengesellschaften, d. Verf.) löst, sofern die Anleger darin keinen geldwerten Nutzen in Höhe der Belastung sehen, Ausweichbewegungen aus und verstärkt den Trend zum Verzicht der Kapitalgeber auf die Anlage in Beteiligungstiteln inländischer Gesellschaften, um dessen Umkehr es gerade geht.«[128]

Ungeachtet dessen hat die frühere Bundesregierung am 2. Jan. 1978 den Entwurf eines Gesetzes über den Vertrieb von Anteilen an Vermögensanlagen (Vermögensanlagegesetz) vorgelegt.[129] Der nicht verwirklichte Ge-

126 Mit Recht fordert Stützel den umgekehrten Weg für einen Nachteilsausgleich. Stützel, W., Inwieweit empfiehlt sich eine allgemeine gesetzliche Regelung des Anlegerschutzes?, in: Zeitschrift für das gesamte Kreditwesen, 29. Jg. (1976), S. 1060–1064 (1063). Staatliche und andere zusätzliche Belastungen seien abzubauen, damit die Rechtsform der Aktiengesellschaft wieder wirtschaftlich lohnend werde. Der Abbau von Belastungen auf ein unverzichtbares Mindestniveau ist ressourcensparender und dürfte unternehmerische Aktivitäten beleben.

127 Der Erfolg von Vorschlägen, die beteiligungskapitalsuchende Unternehmer auf die mögliche Umwandlung in eine Aktiengesellschaft verweisen, dürfte deshalb bescheiden bleiben, auch wenn einige Nachteile der Aktiengesellschaft wie doppelte Vermögensteuer, Kapitalverkehrsteuern und einseitige Quellensteuer beseitigt werden. Entgegen Schmidt, R., Rendite und Mitspracherecht müssen stimmen, a.a.O., halten wir für dringend erforderlich, daß auch Anteile an anderen Unternehmensformen zum Handel an öffentlichen Börsen zugelassen werden. Der Verweis auf vor allem steuertechnische Schwierigkeiten überzeugt nicht, da es bei gegebenem Steuersystem Aufgabe der zulassungswilligen Unternehmen wäre, diese Probleme zu lösen. Hier von vorneherein ein behördliches Zutrittsverbot zu etablieren, unterbindet die Suche nach Lösungswegen. Im übrigen ist nicht das Zutrittsverbot, sondern die Einführung eines weniger hinderlichen Steuersystems für den Wirtschaftspolitiker angezeigt.

128 Schmidt, H., Mehr Unternehmen an die Börse durch differenzierte Marktorganisation, a.a.O., S. 14.

129 Bundesregierung, Entwurf eines Gesetzes über den Vertrieb von Anteilen an Vermögensanlagen, in: BT-Drucksache 8/1405 vom 2.Januar 1978.

setzentwurf, der neben einem rechtsformunabhängigen Emissionsprospekt[130] und einer Registrierungspflicht beim Bundesaufsichtsamt für das Kreditwesen auch Vorschriften über Jahresabschluß, Rechenschaftsbericht und Abschlußprüfung vorsah, statuierte gleichzeitig die Prospekthaftung für unrichtige und unvollständige Angaben. Ohne auf die Anforderungen im einzelnen einzugehen – es könnten ähnliche Überlegungen wie für den Börsenzulassungsprospekt bei Aktiengesellschaften angeführt werden – eines ist sicher: Die Verabschiedung des Vermögensanlagegesetzes hätte die Zutrittsvoraussetzungen zum Kapitalmarkt für Unternehmen weiter verschärft und die Möglichkeiten zur Risikokapitalaufnahme verschlechtert.

Angesichts der negativen Wirkungen auf die unternehmerische Initiative sollten neue Restriktionen für den Zugang zum Kapitalmarkt außerordentlich vorsichtig gehandhabt werden. Dies gilt um so mehr, als einerseits mit der Umsetzung der 4. EG-Richtlinie die Publizitätsvorschriften für Unternehmen in haftungsbeschränkenden Rechtsformen erheblich ausgeweitet werden und andererseits auch die höchstrichterliche Rechtsprechung inzwischen den Anlegerschutz durch weitreichende Haftungsansprüche gegenüber Initiatoren, Prospektausstellern und Anlagevermittlern gefestigt hat.[131]

Ein Rechtsformzwang für Unternehmen, die ihre Anteile öffentlich vertreiben, dürfte die Möglichkeiten zur Risikokapitalaufnahme nur verschlechtern. Dazu kommt, daß die Vorteile einer solchen Regelung für den Anleger zweifelhaft sind. Denn selbst in der strengen Formerfordernissen unterworfenen Aktiengesellschaft tendieren – und dies sogar gesetzlich institutionalisiert – die Rechte und Einflußmöglichkeiten von Beteiligten und vor allem von Kleinaktionären gegen null. Auch ein noch so rigoroser »Anlegerschutz« in Form strenger Rechnungslegungs- und Pu-

130 Hopt betont, daß derjenige, der mit der Übernahme einer Unternehmensbeteiligung etwas wage und damit eine wichtige Funktion in der Gesamtwirtschaft wahrnehme, auch ein Recht auf Information über Art und Höhe seines Wagnisses haben sollte (Hopt, K. J., Inwieweit empfiehlt sich eine gesetzliche Regelung des Anlegerschutzes? (Diskussionsbeitrag), in: Verhandlungen des 51. Deutschen Juristentages, Band II (Sitzungsberichte) Teil P, S. P 86-P 89). Aus diesem im Grundsatz zutreffenden Zusammenhang kann nicht die Notwendigkeit eines gesetzlichen Prospektzwanges abgeleitet werden. Letztlich wird die Informationsmöglichkeit für potentielle Anleger bereits heute durch das Prinzip der Vertragsfreiheit gewährleistet. Eine zusätzliche staatliche Regulierung ist deshalb nicht erforderlich.

131 Eine Analyse der neueren Rechtsprechung des Bundesgerichtshofes geben Ganz-Holzmann, K./Gurke, M., Anlegerschutz am grauen Kapitalmarkt, in: Der Betrieb, 36. Jg. (1983), S. 29–35.

blizitätspflichten nützt dem Kleinaktionär kaum, wenn ihm die auf seinen Kapitalanteil entfallenden Gewinnanteile vorenthalten werden können.[132] Wenn außerdem die steuerlichen und sonstigen Rechnungslegungsvorschriften falsche Bewertungen erzwingen, indem z. B. Unterbewertungen begünstigt werden, ist die gesetzliche Publizität eine staatlich organisierte Irreführung der weniger informierten Öffentlichkeit.

Der notwendige Anlegerschutz kann nicht einheitlich fixiert werden. Abgesehen davon, daß nach der Art der Anlage differenziert werden muß,[133] ist auch im Einzelfall der Optimalpunkt nicht greifbar. Allgemeine Marktzutrittsschranken behindern sowohl »solide« Beteiligungsofferten und senken damit die Chancen für die Anleger wie auch Schwindelgründungen. Zielgemäß und gesamtwirtschaftlich sinnvoll sind gesetzliche Maßnahmen, die allein unsolide und betrügerische Gründungen vom Markt fernhalten. Ordnungspolitisch gebotene Ansatzstellen sind vornehmlich verschärfte Haftungsregelungen sowie Strafvorschriften, die die Einschaltung vermögensloser Strohmänner erschweren. Unter diesem Gesichtspunkt wird die vorgesehene Übernahme des Tatbestandes des Prospektbetruges in das Strafgesetzbuch (Entwurf § 264a StGB) noch einmal nachdrücklich unterstützt.[134]

Wie das Vordringen der Publikumspersonengesellschaften zeigt, geht das umfangreiche Bündel von Schutzvorschriften, das an die Rechtsform der Aktiengesellschaft geknüpft ist, über die Mindestsicherheitsvorstellungen potentieller Risikokapitalgeber hinaus. Ein großer Teil der Anleger scheint jedenfalls bereit zu sein, ». . . bei entsprechendem Anreiz – und sei es der Nettogewinn nach Steuern – höhere Risiken zu tragen, als mit dem Halten von erhöhten Kontrollen unterliegenden Aktien verbunden ist«.[135] Da Anleger wissen, daß ihre Rechtsstellung auf dem »grauen« Markt gesetzlich weniger abgesichert ist als auf den etablierten Aktienbörsen, kann

132 Kübler spricht vom ». . . Prinzip der (zwar) ›gläsernen‹ aber für den Aktionär ›verschlossenen Taschen‹ der AG«. Kübler, F., Transparenz am Kapitalmarkt, in: Die Aktiengesellschaft, 22. Jg. (1977), S. 85–92 (85). Zur Kritik an diesem Konzept vgl. im einzelnen S. 87 ff.

133 Mertens, H. J., Inwieweit empfiehlt sich eine gesetzliche Regelung des Anlegerschutzes? (Referat), in: Verhandlungen des 51. Deutschen Juristentages, Band II (Sitzungsberichte), Teil P. S. P 10–P 50 insbesondere S. P 16–P 18.

134 Schwartz sieht in der Prospekthaftung des Emittenten keinen ausreichenden Anlegerschutz, da sie bei Einschaltung vermögensloser Strohmänner ins Leere gehe. Dieser Gefahr kann durch harte Strafvorschriften vorgebeugt werden. Vgl. Schwartz, E., Anlegerschutz durch Wirtschaftsrecht, in: Schriften des Instituts für Arbeitsrecht und Wirtschaftsrecht der Universität zu Köln, Bd. 40, München 1979, S. 370.

135 Pütz, P./Meyerhöfer, W., Hemmnisse und Hilfen für Unternehmensgründungen, a.a.O., S. 357.

in der Entscheidung für eine Beteiligung an Publikumspersonengesellschaften entweder ein besonders hoher Informationsgrad im Einzelfall oder ein spekulatives Moment gesehen werden; jedenfalls muß davon ausgegangen werden, daß der Anleger nach Prüfung des Angebots mit der ihm eingeräumten Rechtsstellung zufrieden war. Wenn der Hinweis auf mögliche Steuerersparnisse tatsächlich zu unüberlegten Anlageentscheidungen verleiten sollte, so können daraus resultierende Fehlinvestitionen nicht durch neue Institutionen der Kapitalmarktaufsicht vermieden werden, es sei denn, diese Institutionen versuchten eine ordnungspolitisch nicht vertretbare Bonitätsprüfung. Notwendig sind vor allem Reformen in Richtung auf eine stärkere Steuerneutralität.

(3) *Neues Börsensegment für kleine und mittlere Unternehmen*

aa) *Differenzierter Anlegerschutz durch Konkurrenz der Märkte*

Der Erwerb von Unternehmensanteilen erfordert wie jede Kaufentscheidung Informationen über das angebotene Produkt. Eine behördliche Regulierung des Informationsprozesses ist unter Effizienzgesichtspunkten gerechtfertigt, wenn nicht nur die privaten Kosten eines einzelnen Anlegers gesenkt werden, sondern wenn gesamtwirtschaftliche Ressourceneinsparungen möglich sind. Einzurechnen sind neben den Informationskosten der Anleger auch die bei der Unternehmung entstehenden Kosten sowie die Kosten der staatlichen Aufsicht einschließlich eventuell negativer Wachstumswirkungen.
In einigen Nachbarländern sind in den vergangenen Jahren spezielle Märkte für Beteiligungen an mittelgroßen Unternehmen entstanden. Durch Einrichtung eines Sekundärmarktes wurde in Amsterdam, Kopenhagen und London versucht, den auch dort aufgetretenen rapiden Rückgang der Zahl der börsennotierten Gesellschaften zu bremsen.[136] Die Erfahrungen belegen, ». . . daß es zur Belebung eines Marktes von Beteiligungen an nicht börsennotierten Gesellschaften durchaus beitragen kann, wenn der Handel mit diesen Beteiligungen der Börsenaufsicht unterwor-

136 Die Organisation des Sekundärmarktes an den genannten Börsen skizziert Schmidt, H., Mehr Unternehmen an die Börse durch differenzierte Marktorganisation, a.a.O., S. 7–11; vgl. auch Albach, H., Zur Versorgung der deutschen Wirtschaft mit Risikokapital, a.a.O., S. 64–67.

fen wird und besondere Zulassungsvoraussetzungen festgelegt werden«.[137]

Da der Optimalpunkt für solche staatlichen Eingriffe weder eindeutig ermittelt noch institutionell festgelegt werden kann, sind in den vergangenen Abschnitten Verschärfungen bei den staatlich festgelegten Zugangsvoraussetzungen zum Kapitalmarkt allgemein abgelehnt worden. Es kann weder schlüssig nachgewiesen werden, daß eine über die 4. EG-Richtlinie hinausgehende Vereinheitlichung der Informationspflichten von Unternehmen beim öffentlichen Handel der Unternehmensanteile gesamtwirtschaftlich Vorteile bringt, noch kann der Beweis für das Gegenteil erbracht werden.

Damit die Möglichkeiten, die ein behördlich organisierter Sekundärmarkt eventuell bietet, nicht verbaut werden, sollten verschiedene Ordnungskonzepte für den Kapitalmarkt gleichzeitig verwirklicht werden, die sich im Wettbewerb miteinander bewähren können. Dazu muß das bestehende Konzept eines behördlich kaum reglementierten Teilmarktes für Beteiligungskapital ergänzt werden. Neben dem »grauen« Kapitalmarkt, der wie bisher von besonderen Marktzutrittsschranken frei bleiben sollte und auf dem private Marktorganisatoren weiterhin nach institutionellen Innovationen suchen können, sollte versucht werden, einen neuen Teilmarkt behördlich zu organisieren. Auf diesem neuen Teilmarkt könnten durch kontrollierte, standardisierte Grundschemen für den Anteilshandel die Handelsrisiken, insbesondere die Risiken von Zahlungs- und Lieferungsfähigkeit, gesenkt werden.

Die bisherige Spaltung des Marktes für Beteiligungskapital in Aktienbörse und »grauen« Kapitalmarkt würde durch das neue Marktsegment aufgelockert. Da die drei Teilmärkte in Konkurrenz zueinander stehen würden, könnten potentielle Anleger nach ihren individuellen Informationsmöglichkeiten und Risikopräferenzen frei entscheiden, auf welchem Markt sie ihr Risikokapital anbieten. Die Konkurrenz zwischen unterschiedlich streng reglementierten Märkten dürfte der einzige Weg sein, der die Nachteile einheitlicher behördlicher Marktzutrittsschranken für den Kapitalmarkt aufhebt und eine Annäherung an die gesamtwirtschaftlich optimale Organisation des Kapitalmarktes ermöglicht. Unternehmen und potentielle Anleger werden immer dann den strenger kontrollierten und standardisierten Teilmarkt in Anspruch nehmen, wenn die damit ver-

137 Sachverständigenrat zur Begutachtung der gesamtwirtschaftlichen Entwicklung, Jahresgutachten 1983/84, a.a.O., Ziff. 561, S. 240.

bundene Senkung der Transaktionskosten die Aufwendungen übersteigt, die für die Erfüllung der behördlichen Auflagen anfallen.

bb) *Grundzüge für die Organisation eines neuen Börsensegments*[138]

Der neu zu organisierende Sekundärmarkt für Beteiligungen an mittelgroßen Unternehmen kann sowohl den etablierten Börsen als Parallelmarkt angegliedert als auch an anderer Stelle errichtet werden. Es ist prinzipiell auch denkbar, statt der Errichtung eines neuen Börsensegments die Zulassungsvoraussetzungen für den sogenannten Freiverkehr durch eine grundlegende Reform in der Weise aufzulockern, wie es für den neuen Sekundärmarkt gefordert wird.[139] Angesichts der weitgehenden Verkrustungen an den etablierten Börsen scheint die Durchsetzung dieses Lösungsweges wenig erfolgversprechend.
Es kann offen bleiben, ob das neue Marktsegment an den bisherigen Börsen oder an anderer Stelle eingerichtet wird; wenn bestimmte Mindestanforderungen erfüllt werden, könnte die Einrichtung des neuen Marktes sogar jedermann freigestellt werden. Die damit mögliche Konkurrenz der Institutionen kann den bisherigen Börsen neue Impulse verleihen. In jedem Fall darf der neue Markt nicht den beschränkenden und umsatzmindernden Vorschriften der alten Börsen unterliegen.
Das neue Marktsegment hat nur eine Entwicklungschance, wenn die neue behördliche Organisation gegenüber den bereits bestehenden Alternativen Vorteile bietet. Sie bestehen für den Anleger letztlich in einer Aufbesserung der Rendite und für den Emittenten in einer Minderung der Kapitalkosten. Um die Position des Anlegers stärker als auf dem »grauen« Kapitalmarkt zu sichern, können bestimmte Mindestvoraussetzungen für den Marktzutritt festgelegt werden. Diese Anforderungen müssen aber spürbar unter denen für die etablierten Aktienbörsen liegen, da der neue Parallelmarkt anderenfalls das gleiche Schicksal erleiden dürfte wie die heutigen Börsen.

138 Die Ausführungen sind angelehnt an eine bereits an anderer Stelle entwickelte Grundkonzeption für ein zusätzliches Börsensegment. Vgl. Pütz, P./Meyerhöfer, W., Hemmnisse und Hilfen für Unternehmensgründungen, a.a.O., S. 360–363. Auf weitere Verweise wird im folgenden verzichtet.

139 Eine Umstrukturierung des geregelten Freiverkehrs unterstützen u. a. Schmidt, R., Rendite und Mitspracherecht müssen stimmen, a.a.O., S. B1 sowie Röller, W., Eine Lanze für den geregelten Freiverkehr, in: Handelsblatt, Nr. 77 vom 17. April 1984, S. 8.

Rechtsform

Das neben dem amtlichen Handel und dem Freiverkehr neu zu schaffende dritte Börsensegment sollte vornehmlich auf kleinere und mittlere Unternehmen ausgerichtet sein. Der Marktzutritt darf deshalb nicht an eine bestimmte Rechtsform gebunden sein (vgl. S. 70 ff.). Allerdings dürfte der Handel von »tätigen« Beteiligungen, also OHG-Beteiligungen oder Komplementäranteilen an einer Kommanditgesellschaft an der Börse bereits aus praktischen Gründen kaum realisierbar sein. Ohne weiteres geeignet für den Börsenhandel wären aber: Geschäftsanteile an einer Gesellschaft mbH, Kommanditanteile, stille Beteiligungen sowie Genußscheine. Einige wesentliche administrative Hemmnisse bei der Handelsfähigkeit können mit den in Kapitel 1.) vorgeschlagenen Maßnahmen beseitigt werden.

Unternehmensgröße

Die Zulassung zu dem neu organisierten Börsensegment braucht nicht davon abhängig gemacht zu werden, daß die Unternehmung eine bestimmte Mindestgröße erreicht hat. Solange die Zulassungsgebühren für das neue Marktsegment den tatsächlich durch die Unternehmung verursachten Kosten entsprechen, leistet die einzelwirtschaftliche Kosten/Nutzen-Abwägung Gewähr dafür, daß Unternehmen nur dann die Zulassung für das zusätzliche Börsensegment anstreben, wenn dies auch gesamtwirtschaftlich zweckmäßig ist.[140] Damit ergibt sich über den Markt eine ökonomisch notwendige Mindestunternehmensgröße, ohne daß man sie vorschreiben müßte. Da die Kosten einer unternehmensinternen Neuorganisation, die für die Erfüllung der Zulassungsvoraussetzungen eventuell notwendig wird, und die Vorteile des Börsenhandels nicht für alle Unternehmen gleich sind, muß auch die Mindestunternehmensgröße je nach den Umständen individuell variieren. Würde eine bestimmte Mindestgröße allgemeingültig festgelegt, wäre – wenn diese Begrenzung tatsächlich wirkt, ein neues, marktwidriges Zutrittshemmnis geschaffen.

140 Die Forderung Albachs nach einer pauschalen Senkung der Zulassungsgebühren zum zweiten Markt auf 70 % der Normalgebühren hat den Vorteil schematischer Vereinfachung für sich, bedeutet aber, daß hierbei der Preiswettbewerb ausgeschaltet ist und die individuellen Bedingungen außer Ansatz bleiben, außerdem wird eine Koppelung an die Entwicklung der Normalgebühren vorgesehen, die nicht unbedingt begründet ist. Allerdings machen die Zulassungsgebühren nur einen Bruchteil der Zulassungskosten aus. Albach, H., Zur Versorgung der deutschen Wirtschaft mit Risikokapital, a.a.O., S. 111.

Die behördlichen Zugangsvoraussetzungen für den neuen Teilmarkt sollten nicht wie zum Beispiel an der Kopenhagener oder Londoner Börse unter dem Gesichtspunkt fixiert werden, daß die Anforderungen deshalb geringer als auf den etablierten Aktienbörsen sein dürften, weil der Markt speziell auf kleinere und mittlere Unternehmen ausgerichtet sei.[141] Unser Vorschlag zur Organisation des zusätzlichen Börsensegments entspricht einer anderen Konzeption. Hiernach sollen unterschiedlich streng organisierte Teilmärkte für den Handel von Beteiligungstiteln geöffnet werden, auf denen im Grundsatz alle Unternehmen Zutritt haben. Die Teilmärkte stehen in Konkurrenz zueinander, so daß Unternehmen individuell eine näherungsweise optimale Organisationsform für die Beteiligungsfinanzierung und für den Handel ihrer Anteilsscheine wählen können. Auf der anderen Seite können auch potentielle Anleger entsprechend ihrem Urteilsvermögen und ihrer individuellen Risikoneigung ihr Geldkapital an den verschieden streng reglementierten Märkten anlegen. Eine Beschränkung der Teilmärkte für Risikokapital auf bestimmte Unternehmensgrößen würde die Konkurrenz der Märkte einschränken und die Freiräume Beteiligungskapital suchender Unternehmen und potentieller Anleger erneut begrenzen.

Publizitätspflichten

Die zentrale Aufgabe gesetzlicher Regelungen zum Anlegerschutz wird allgemein darin gesehen, ein bestimmtes Minimum an Information über die Unternehmung und die gehandelten Anteilsscheine sicherzustellen, damit potentielle Anleger sich ein fundiertes Urteil über die Qualität der gehandelten Papiere bilden können. Wird dieses Grundprinzip beibehalten, so kann für Unternehmen, die nicht als Aktiengesellschaft geführt werden, ein verbesserter Anlegerschutz erreicht werden, indem entsprechende Publizitätsvorschriften bei der Zulassung zum neuen Börsensegment zur Auflage gemacht werden. Auf eine Bonitätsprüfung, wie sie heute von den Banken recht streng gehandhabt wird, sollte verzichtet werden. Der Anleger geht das risikoreiche Engagement in eigener und freier Ent-

141 An den genannten Börsen dürfte diese Vorstellung vorgeherrscht haben; anders ist die Festlegung von Obergrenzen für die Notierung von Unternehmen an dem zusätzlichen Teilmarkt nicht zu erklären. Während sie in Kopenhagen bereits bei ca. 4,5 Mio. DM *Nominal*wert liegt, ist die Grenze für eine Zulassung zum Unlisted Securities Market in London bei etwas mehr als 60 Mio. DM *Markt*wert angesetzt. Die Größengrenzen sind umgerechnet nach Angaben von Schmidt, H., Mehr Unternehmen an die Börse durch differenzierte Marktorganisation, a.a.O., S. 11 f.

scheidung ein. Es ist deshalb vor allem seine Aufgabe und nicht die von Banken oder Börsenaufsicht, sich über die Rechtsstellung zu informieren, die die gehandelten Unternehmensanteile einräumen. Die Zulassungsbedingungen sollten sich darauf beschränken, allein den Zugang zu bestimmten Mindestinformationen zu gewährleisten.
Gegenüber den bisher an die Börsenzulassung geknüpften Auflagen der Prospektpublizität und der laufenden Publizität sind wesentliche Vereinfachungen vorstellbar, ohne daß die Informationsmöglichkeiten der Anleger entsprechend eingeschränkt werden müßten. Dem stehen allerdings mit der Zulassungs- und der Prospektrichtlinie der Europäischen Gemeinschaften rechtliche Hindernisse entgegen. Damit die restriktiven Vorschriften der EG-Richtlinien nicht greifen, sollte auf dem zusätzlichen Börsensegment ein amtlicher Handel nicht vorgesehen werden.
Nach dem Entwurf eines Bilanzrichtlinie-Gesetzes werden in der Bundesrepublik Deutschland in Zukunft alle Unternehmen in der Rechtsform einer Kapitalgesellschaft publizitätspflichtig. Je nach Unternehmensgröße müssen Jahresabschluß und Lagebericht über Zeitungsannonce verbreitet werden, oder es reicht die Registerpublizität. Soweit Unternehmen diesen Pflichten nachkommen, braucht eine zusätzliche Publizierung der Jahresabschlüsse bei der Zulassung zum neuen Börsensegment nicht vorgeschrieben zu werden. Bei Personengesellschaften, die von den Größenkriterien des Publizitätsgesetzes nicht erfaßt werden, sollte die Zulassung an die freiwillige Verpflichtung zur Jahresabschlußpublizität geknüpft werden. Unternehmen, die in der Vergangenheit ihren Jahresabschluß nicht publiziert haben, sollten, soweit sie bereits solange existiert haben, zur Offenlegung der drei letzten Jahresabschlüsse verpflichtet werden.
Für Unternehmen, die regelmäßig ihren Jahresabschluß publizieren, ist eine behördliche Verpflichtung für eine zusätzliche Veröffentlichung bei der erstmaligen Börsenzulassung auch unter dem Blickwinkel des Anlegerschutzes nicht erforderlich. Die Zulassungsvoraussetzungen müssen lediglich sicherstellen, daß der potentielle Anleger sich über die mit den Beteiligungstiteln verbundenen Rechte und Pflichten informieren kann. Dazu ist ausreichend, wenn die Satzung beziehungsweise der Gesellschaftsvertrag eines Unternehmens, dessen Beteiligungstitel an dem neuen Markt zugelassen werden, einschließlich aller Zusatzvereinbarungen jederzeit leicht zugänglich sind. In welcher Form die erforderlichen Mindestinformationen potentiellen Anlegern zur Verfügung gestellt werden, sollte grundsätzlich den Beteiligungskapital nachfragenden Unternehmen überlassen bleiben. Um Mißbräuche zu vermeiden, dürfte eine Hinterlegung des verkürzten »Börsenprospektes« bei dem Leitungsorgan des neuen

Marktes ausreichen.[142] Er sollte von jedem Interessenten unentgeltlich abgerufen werden können. Darüber hinaus wird die an die Börse gehende Unternehmung eine zweckmäßige Verbreitung des Beteiligungsangebots von sich aus sicherstellen, da sie sonst kaum potentielle Anleger mobilisieren kann.

Standardisierung der Unternehmensanteile

Durch eine Standardisierung der gehandelten Anteilsrechte könnten die individuellen Informationskosten für Anleger gesenkt werden. Der Nachteil einer administrativen Zwangsregelung läge darin, daß die gesellschaftsrechtlichen Gestaltungsmöglichkeiten wesentlich beschnitten würden. Unter dem Gesichtspunkt des Anlegerschutzes ist eine solche Einschränkung nicht erforderlich. Schmidt weist darauf hin, daß wegen Satzungs- und Mitbestimmungsunterschieden selbst die mit Aktien deutscher Börsengesellschaften verbundenen Rechte nennenswerte Unterschiede aufweisen.[143] Es könne zudem vermutet werden, daß potentielle Anleger eher mit dem Recht deutscher Personengesellschaften vertraut sind als mit dem Recht japanischer, amerikanischer oder französischer Aktiengesellschaften, deren Anteilsscheine in großem Umfange an deutschen Börsen gehandelt werden.[144] Auf eine gesetzlich festgelegte Standardisierung der auf dem neuen Börsensegment zuzulassenden Anteilsscheine zu Lasten der weitreichenden Flexibilität nicht aktienrechtlicher Unternehmensformen sollte zumindest während einer längeren Erprobungsphase verzichtet werden. Die Suche nach dem optimalen Standardisierungsumfang sollte der Gesetzgeber dem Wettbewerb beziehungsweise kompetenten Marktorganisatoren überlassen. Auch hier gilt das Subsidiaritätsprinzip.

Handelsverfahren

Das Handelsverfahren für das neue Börsensegment sollte grundsätzlich dem des geregelten Freiverkehrs entsprechen. Allerdings werden die Börsenumsätze auf dem neuen Teilmarkt, insbesondere wenn es sich um Beteiligungen an kleineren und mittleren Unternehmen handelt, oft weit hin-

142 Soweit im »Börsenprospekt« die Jahresabschlüsse der Vorjahre nicht abgedruckt sind, könnte ein Hinweis auf die früheren Veröffentlichungen vorgeschrieben werden.

143 Schmidt, H., Mehr Unternehmen an die Börse durch differenzierte Marktorganisation, a.a.O., S. 5 f.

144 Ebenda.

ter den heute üblichen Börsenumsätzen zurückbleiben. Eine Ursache dafür dürften die im Vergleich zu den etablierten Aktienbörsen auch weiterhin hohen Informationskosten sein, die sich aus der geringeren Standardisierung der Anteilsscheine ergeben. Dazu kommt, daß bei Anteilen an kleineren Unternehmen in der Regel nur weniger Anleger und Analysten als bei großen Gesellschaften Über- und Unterbewertungen zu entdecken suchen.[145]

Um trotz der geringeren Umsätze einen hohen Grad an Aufmerksamkeit bei Anleger und Händler zu gewährleisten, sollte der Handel auf dem neuen Börsensegment nicht täglich stattfinden. Es bietet sich an, ähnlich wie auf dem Kopenhagener Börsensegment für kleinere und mittlere Unternehmen die Titel nur einmal monatlich zu handeln.[146] In bestimmten Situationen, etwa bei der Emission, kann die Frist verkürzt werden. Die regelmäßige monatliche Veröffentlichung von Geld- und Briefkursen für Anteilsscheine von an dem neuen Börsensegment zugelassenen Unternehmen wird potentielle Anleger stärker als bisher auf Beteiligungsmöglichkeiten an kleineren und mittleren Unternehmen hinweisen. Es kann erwartet werden, daß später auch verstärkt Geldkapital in den neuen Markt fließt. Damit werden für kleine und mittlere Unternehmen die Möglichkeiten der Beteiligungsfinanzierung erweitert und gleichzeitig wird die Effizienz des Sekundärmarktes verbessert.

145 Dies führt dazu, daß in den Kursen kleinerer Werte nicht mit derselben Wahrscheinlichkeit alle verfügbaren Informationen enthalten sind wie bei großen Werten. »Ein hinreichend attraktiver Lohn der Analysearbeit in Form realisierbarer Kursgewinne setzt bei marktengen Titeln einfach größere Wert-Kurs-Differenzen voraus.« (Schmidt, H., Mehr Unternehmen an die Börse durch differenzierte Marktorganisation, a.a.O., S. 12). Größere Kursschwankungen für Anteile an kleineren und mittleren Unternehmen, die auf dem neuen Marktsegment gehandelt werden, dürfen deshalb nicht als Zeichen von Unvollkommenheiten auf dem neuen Markt mißverstanden werden. Sie sind lediglich Ausdruck für die Kosten der Informationsbeschaffung.

146 Für einen Handel nur an bestimmten Wochentagen Albach, H., Zur Versorgung der deutschen Wirtschaft mit Risikokapital, a.a.O., S. 110.

III. Wiederbelebung der Aktiengesellschaft durch Aufhebung übermäßiger Einschränkungen in den Eigentümerrechten

Die verbreitete Abkehr von der Aktiengesellschaft hat vielfältige Ursachen: der wichtigste Grund für die Vernachlässigung des Aktiensparens durch die privaten Haushalte dürfte aber in der geringen Attraktivität dieser Vermögensanlage liegen.[1] Hier schlagen sich die vielfältigen Diskriminierungen der Aktiengesellschaft nieder. Die Rendite der Aktie liegt seit Jahren niedriger als die von Anlagealternativen, so daß die Änderung im Sparverhalten der Haushalte ökonomisch rational begründet ist. Selbst festverzinsliche Wertpapiere haben in der Vergangenheit bessere Renditen gewährt als die risikobehaftete Unternehmensbeteiligung und dies nicht nur während konjunktureller Ausnahmesituationen.[2] Die Kursentwicklung der Aktien hat diesen Renditenachteil nicht genügend ausgleichen können.[3]

Eine dauerhafte Renaissance der Aktie kann solange nicht gelingen, wie die Aktie nicht von innen heraus gestärkt wird. Dazu ist in erster Linie erforderlich, daß die Unternehmen in ausreichendem Maß Erträge erzielen

1 In der Bundesrepublik Deutschland hat sich der in Aktien angelegte Teil des Geldvermögens privater Haushalte seit Jahren kontinuierlich zurückgebildet. Während das Geldvermögen der privaten Haushalte in den vergangenen 10 Jahren um fast 1000 Mrd. DM auf 1465 Mrd. DM gestiegen ist und der Bestand an festverzinslichen Wertpapieren sich vervierfacht hat, erhöhte sich der Aktienbestand im gleichen Zeitraum nur um 12,6 Mrd. DM auf 66,1 Mrd. DM. Vgl. Röller, W., Nur der Fiskus profitiert von der Steuerreform, in: Handelsblatt Report zum Aktienforum '82, vom 22. Oktober 1982, S. 22–25 (24).

2 Die durchschnittliche Dividendenrendite börsennotierter Aktiengesellschaften lag über den Zeitraum 1972 bis 1982 bei 3,3 %. Für den gleichen Zeitraum ergibt sich die durchschnittliche Umlaufsrendite festverzinslicher Wertpapiere mit 8,5 %. Selbst der Vergleich für die Jahre 1977 bis 1982 unter Einbeziehung der von bestimmten Aktionären anzurechnenden Körperschaftsteuer zeigt bei einer Dividendenrendite von 5,2 % und einer durchschnittlichen Umlaufsrendite festverzinslicher Wertpapiere von 8,2 % noch einen Nachteil von 2,9 Prozentpunkten zu Lasten der Kapitalanlage in Aktien. Mit anderen Worten, festverzinsliche Wertpapiere rentierten sich um mehr als 50 % besser als eine Anlage in Aktien. Berechnet aus: Statistische Beihefte zu den Monatsberichten der Deutschen Bundesbank, Reihe 2 Wertpapierstatistik, 1/1983, S. 15, sowie Monatsberichte der Deutschen Bundesbank, Januar 1983, S. 57.

3 Graf Lambsdorff, O., Die Bedeutung der Aktie als Finanzierungsinstrument für die Wirtschaft, a.a.O., S. 11.

können, denn ohne Gewinne kann es keine Dividende geben, und es werden keine Sparer mehr bereit sein, voraushaftendes Risikokapital zur Verfügung zu stellen.[4]
So notwendig günstigere Rahmenbedingungen für die Unternehmen auch sind – dieser Appell wirkt gleichermaßen auf die ganze Breite der unternehmerischen Aktivitäten und kommt der Unternehmensfinanzierung allgemein zugute. Ob damit die Bedeutung der Aktiengesellschaft gegenüber anderen Unternehmensformen gesteigert werden kann, ist zweifelhaft. Mit der Gewinnerzielung allein ist es nicht getan. Die Bereitschaft zur Beteiligungsfinanzierung wird nur gesteigert, wenn die Risikokapitalgeber auch entsprechend ihrem Kapitalanteil an den höheren Gewinnen beteiligt werden. Dies ist in der Vergangenheit bei vielen Unternehmen in der Rechtsform der Aktiengesellschaft aber nur unvollkommen gelungen. Zur Wiederbelebung der Aktiengesellschaft ist deshalb mehrfach der Appell an die Unternehmen gerichtet worden, ihre Aktionäre in stärkerem Umfang am Gewinn zu beteiligen.[5]
Diese mehr psychologischen Aufrufe, die Ausschüttungspolitik der Gesellschaften zu ändern, haben in der Vergangenheit kaum Erfolg gezeigt.[6]

4 Nach Berechnungen von Pütz/Meyerhöfer hat die Eigenkapitalverzinsung gewerblicher Unternehmen im gesamtwirtschaftlichen Durchschnitt nur in der ersten Hälfte der siebziger Jahre über der Fremdkapitalverzinsung gelegen. Bei Einrechnung eines kalkulatorischen Unternehmerlohns für die vom Unternehmer erbrachte Arbeitsleistung und einer »normalen« Verzinsung des eingesetzten Eigenkapitals bleibt in den Jahren 1975–1979 kein volkswirtschaftlicher Residualgewinn. Im Gegenteil: in dieser Zeit ist die Summe der erwirtschafteten Differentialgewinne sogar mit 27,3 Mrd. DM negativ. In dieser Höhe mußten die Unternehmer (Eigenkapitalgeber) auf Einkommen zugunsten der übrigen Faktoren insoweit verzichten, wie sie eine der Fremdkapitalverzinsung gleiche Rendite nicht erzielt haben. Vgl. zu den Berechnungsgrundlagen im einzelnen Pütz, P./Meyerhöfer, W., Hemmnisse und Hilfen für Unternehmensgründungen, a.a.O., S. 280–287.

5 Vgl. zum Beispiel Graf Lambsdorff, O., Die Bedeutung der Aktie als Finanzierungsinstrument für die Wirtschaft, a.a.O., S. 13; Engels, W., Die Aktie muß wiederentdeckt werden, a.a.O., S. 13; Oppenheim, A. Freiherr v., Chancen für die Aktie, in: Handelsblatt Report zum Aktienforum '83, vom 22. Oktober 1983, S. 3, sowie Schmidt, R., Gewinnverteilung, in: Handelsblatt Report zum Aktienforum '82, vom 22. Oktober 1982, S. 92–94.

6 Christians, der für eine ertragsorientierte Ausschüttungspolitik eintritt, hebt im Hinblick auf die oft kritisierte Dividendenkontinuität hervor, die Unternehmen hätten ihre Anteilseigner an dem relativ guten Geschäftsgang des Jahres 1980 partizipieren lassen. Kutzer, H., »Wenn die Aktie verlorengeht, ändert sich unser System« – Handelsblatt Gespräch mit Dr. F. Wilhelm Christians, in: Handelsblatt, Nr. 247 vom 23. Oktober 1980, S. 4. Wenn davon gesprochen wird, daß die Eigentümer am Gewinn partizipieren dürfen, so wird damit jedoch leicht der Rechtsanspruch verdeckt, den die Aktionäre besitzen. Im allgemeinen sind bei guter Geschäftslage Dividendenanpassungen noch immer von sekundärer Bedeutung.

Auch für die Zukunft ist eine grundlegende Änderung nicht zu erwarten, solange die durch Aktien- und Steuerrecht künstlich geschaffenen Interessengegensätze einmal zwischen Management und Aktionären und zum anderen zwischen Großbeteiligten und Kleinaktionären bestehen bleiben und die Entscheidung über die Verwendung der Jahresüberschüsse denjenigen Gruppen überlassen bleibt, die eher an einer Einbehaltung von Gewinnen interessiert sind.

1. *Demokratische Gewinnverwendungsentscheidungen und Aktionärsinteressen*

Inwieweit Aktionäre über höhere Dividenden stärker am Gewinn ihrer Unternehmung beteiligt werden sollen, wird strittig diskutiert. Selbst Anhänger dieser These sprechen oft nur von der Notwendigkeit, Aktionären in »angemessenem« Umfang Ausschüttungen zufließen zu lassen. Im übrigen sei die Thesaurierung durch Rücklagenbildung in bestimmten Grenzen vernünftig.[7] Insbesondere von Betriebswirten wird regelmäßig die Bedeutung der Selbstfinanzierung für den Bestand einer Unternehmung hervorgehoben, und weitreichende Gewinnausschüttungen werden demzufolge abgelehnt.[8] Jede Ausschüttung an Aktionäre mindere die Liquidität einer Unternehmung und beschränke die Möglichkeiten für eine interne Selbstfinanzierung. Insbesondere in Inflationszeiten müsse durch Gewinnthesaurierung das Realkapital der Unternehmung vor Auszehrung geschützt werden.[9] Es werden sogar gegenüber dem status quo verbesserte Abschreibungsmöglichkeiten und eine steuerliche Begünstigung nicht entnommener Gewinne gefordert, um den Selbstfinanzierungsspiel-

7 Graf Lambsdorff, O., Die Bedeutung der Aktie als Finanzierungsinstrument für die Wirtschaft, a.a.O., S. 13.

8 Strömer nennt eine Reihe von Quellen, in denen diese Auffassung vertreten wird. Er selbst lehnt ab, von einem »Selbstfinanzierungsbedarf« der Unternehmung zu sprechen; es gebe nur einen Finanzierungsbedarf. Strömer, J., Ausschüttungspolitik und Unternehmenswert von Publikumsgesellschaften, Diss. Frankfurt a. M./Zürich 1973, S. 22–26.

9 Die Siemens AG betont im neuesten Geschäftsbericht: »Nach unseren Grundsätzen sollen Scheingewinne aus der Bewertung des mit Eigenkapitals finanzierten Vermögens nicht ausgeschüttet werden.« Siemens AG, Bericht über das Geschäftsjahr vom 1. Oktober 1981 – 30. September 1982, a.a.O., S. 55 f. Im gleichen Tenor: Schmidt, R., Rendite und Mitspracherecht müssen stimmen, a.a.O., S. B1.

raum der Unternehmen zu stärken und auf diese Weise zusätzliche Investitionen anzuregen.[10] Gegen solche Vorschläge sind schwerwiegende gesamtwirtschaftliche Bedenken angebracht, und zwar auch dann, wenn sie als eine Art von kurzfristigem Beschäftigungsprogramm verstanden werden.

a) *Unterschiedliche Investitions- und Konsumneigungen führen zu unterschiedlichen Interessen bei der Gewinnverwendung*

Die bei der überwiegenden Zahl der Unternehmen weit verbreitete interne Selbstfinanzierung über Gewinnthesaurierungen oder über die Bildung stiller Reserven steht nur solange nicht in Widerspruch zu übergeordneten gesamtwirtschaftlichen Zielen, wie mit der Entscheidung, Einkommen zur Stärkung der Unternehmensfinanzierung zu verwenden, der Nutzen jedes einzelnen Beteiligten maximiert wird. Dies dürfte in der Einzelunternehmung voll und bei Gesellschaften mit einem begrenzten und überschaubaren Gesellschafterkreis weitgehend gewährleistet sein, da hier die Gewinnverwendungsentscheidung ausschließlich von den Eigenkapitalgebern getroffen wird. Im Grundsatz können die Gesellschafter von Nichtaktiengesellschaften letztlich nach ihren individuellen Präferenzen über die Verwendung des ihnen zustehenden Gewinnanteils entscheiden. Im Gesellschaftsvertrag vereinbarte Beschränkungen sind nichts anderes als eine bereits in der Vergangenheit vorweg getroffene Gewinnverwendungsentscheidung.

Bei Aktiengesellschaften ist eine Verwendung des Jahresüberschusses entsprechend den individuellen Interessen aller Anteilseigner und damit auch im volkswirtschaftlichen Interesse praktisch ausgeschlossen. Damit ist nicht gesagt, daß dies technisch unmöglich wäre; der Grund liegt vielmehr in der irrigen Vorstellung des Aktiengesetzes, daß das Eigentümerinteresse über die »Aktionärsdemokratie« durchgesetzt werden könne.[11] Wie bei jeder demokratischen Entscheidung können auch Mehrheitsentscheidungen im Aufsichtsrat und in der Hauptversammlung nicht verhindern, daß die Interessen der Minderheit verletzt werden.

Eine identische Interessenlage der an einer Unternehmung beteiligten Ak-

10 So auch Schlesinger, H., Wenn Unternehmen an Auszehrung leiden, a.a.O., S. 15, sowie ders. in Diskussionsbeiträgen zum Aktienforum '82. Neue Chancen für die Aktie, zitiert nach o. V., Das Risiko der Vermögensanlage in Aktien soll sich wieder lohnen, in: Handelsblatt, Nr. 205 vom 25. Oktober 1982, S. 5.

11 Engels, W., Die Aktie muß wiederentdeckt werden, a.a.O., S. 13.

tionäre bei der Entscheidung über die Verwendung des erwirtschafteten Jahresüberschusses ist nur unter extremen Bedingungen denkbar: Zum einen müßten alle Aktionäre die gleiche marginale Investitions- und Konsumneigung haben, und zum zweiten müßte für jeden einzelnen Aktionär die Reinvestition seines Gewinnanteils in die Aktiengesellschaft die günstigste Kapitalanlage unter allen ihm zur Verfügung stehenden Investitionsalternativen bedeuten. Selbst wenn diese Prämissen erfüllt wären, was bei Publikumsgesellschaften völlig unrealistisch ist, bestünde unter den Aktionären aber auch nur insoweit Interessengleichheit, als es um den Teil des Jahresüberschusses geht, der für Konsumwünsche der Anteilseigner *mindestens* auszuschütten ist. Für den verbleibenden Teil, der zur Unternehmensfinanzierung bereitgestellt werden soll, gehen die Vorstellungen der Anteilseigner über den Weg auseinander, auf dem die Mittel reinvestiert werden sollen.

b) *Spaltung der Aktionärsinteressen durch die Besteuerung*

Im deutschen Körperschaftsteuersystem werden einbehaltene Gewinne, sieht man an dieser Stelle von Sonderfällen ab, mit einem konstanten Steuersatz (56 %) belastet, während die endgültige Steuerlast für ausgeschüttete Gewinne durch die individuelle Einkommenssituation des jeweiligen Anteilseigners bestimmt wird. Das bedeutet, daß die marginale Steuerbelastung des Anteilseigners darüber entscheidet, ob die Gewinnausschüttung mit anschließender Kapitalerhöhung oder die unmittelbare Einstellung des Jahresüberschusses in die freien Rücklagen für den einzelnen Aktionär das günstigere Verfahren ist.
Geht man von der Normalbelastung für einbehaltene Gewinne mit 56 % aus und unterstellt man Emissionskosten in Höhe von 5 % des Kapitalerhöhungsbetrages, so liegt der für die Interessenlage des Anteilseigners kritische Grenzsteuersatz bei 53,8 %.[12] Alle Anteilseigner, deren Dividen-

12 Bei einem Gewinn von 100,— DM fallen bei voller Thesaurierung 56,— DM Körperschaftsteuer an. In der Unternehmung verbleiben 44 % des Gewinns. Wenn der gleiche Betrag im Wege der Kapitalerhöhung der Unternehmen zugeführt werden soll, müssen 5 % von 44,— DM Emissionskosten (= 2,20 DM) eingerechnet werden. Bei einer Vollausschüttung des Gewinns kann einer Unternehmung folglich nur dann der gleiche Betrag (DM 44,—) im Wege der Kapitalerhöhung zugeführt werden, wenn die steuerliche Belastung beim Anteilseigner höchstens (100,— DM abzgl. 46,20 DM =) 53,80 DM beträgt. Für eine exakte Berechnung vgl. Kruschwitz, L., Kritische Einkommensteuersätze für die Schütt-aus-Hol-zurück-Politik nach dem Körperschaftsteuergesetz 1977, in: Der Betrieb, 36. Jg. (1983), S. 683–686.

denerträge mit mehr als 53,8 % belastet werden (Einkommensteuer zuzüglich Kirchensteuer), müßten unter den oben angegebenen Bedingungen an der vollen Thesaurierung des zu reinvestierenden Gewinnanteils interessiert sein,[13] sofern sich die Thesaurierung irgendwann in entsprechenden wirtschaftlichen Vorteilen für die Aktionäre niederschlägt. Analog ist eine Politik der Vollausschüttung mit anschließender Kapitalerhöhung aus der Sicht der Aktionäre und auch aus der Sicht des Unternehmens dann optimal, wenn alle Aktionäre anrechnungsberechtigt sind und einen Grenzsteuersatz von weniger als 53,8 % haben. Festzuhalten bleibt, daß selbst dann eine einheitliche Interessenlage der Aktionäre für die Gewinnverwendung im allgemeinen nicht gegeben ist, wenn sich Gewinnthesaurierungen voll in einer entsprechenden Kurssteigerung der Aktie niederschlagen.

Bei der Entscheidung über die Verwendung des Jahresüberschusses – soweit er dem Normalsteuersatz von 56 % unterliegt – ist der Aktionärskreis durch die Besteuerung künstlich in zwei Gruppen mit unterschiedlichen Interessen auseinanderdividiert worden, je nachdem, ob die Grenzsteuerbelastung der Aktionäre bei ausgeschütteten Gewinnen über oder unter 53,8 % liegt. Das bedeutet zwangsläufig, daß die im Aktiengesetz vorgesehenen demokratischen Hauptversammlungsbeschlüsse beziehungsweise die Entscheidungen von Vorstand und Aufsichtsrat über die Verwendung des erwirtschafteten Jahresüberschusses, die einheitlich für alle Anteilseigner getroffen werden, in aller Regel gegen die Individualinteressen einzelner Anteilseigner verstoßen. Eine volkswirtschaftlich wünschenswerte Verwendung des Jahresüberschusses entsprechend den Nutzenoptima der Anteilseigner ist damit so gut wie ausgeschlossen.[14]

13 Vgl. Schmidt, R., Gewinnverteilung, a.a.O., S. 94.

14 Die in der Realität anzutreffende Ausschüttungspolitik der Aktiengesellschaften liegt überwiegend zwischen einer Politik der Vollausschüttung und der vollen Einbehaltung der Jahresergebnisse. Darin kann der Versuch eines Kompromisses zwischen den Interessen der beiden Aktionärsgruppen gesehen werden, der aber letztlich weder den Interessen der einen noch denen der anderen voll entspricht.

2. *Die volkswirtschaftliche Problematik einer auf Mehrheitsbeschlüssen basierenden Thesaurierungspolitik*

Der Nachteil des aktienrechtlichen Verfahrens bei der Entscheidung über die Gewinnverwendung liegt nicht nur darin, daß bei heterogener Aktionärsstruktur zwangsläufig gegen das Steuerminimierungsziel der beiden Gruppen verstoßen wird. Weit schwerwiegendere gesamtwirtschaftliche Nachteile treten zu Tage, wenn die oben genannten idealen Annahmen für gleichgerichtete Aktionärsinteressen fallengelassen werden.

Bei Publikumsgesellschaften dürfte die Annahme gleicher marginaler Konsum- und Investitionsneigung bei allen Aktionären fern ab jeder Realität sein. Soweit auf Grund direkter oder indirekter Mehrheitsbeschlüsse Teile des Jahresüberschusses zur internen Selbstfinanzierung der Unternehmung in offene Rücklagen eingestellt werden, ist dem einzelnen Aktionär die freie Disposition über den auf ihn entfallenden Gewinnanteil entzogen.

Die Einschränkung der Eigentumsrechte des Aktionärs wäre, abgesehen von der unterschiedlichen steuerlichen Belastung, dann weniger problematisch, wenn Gewinnthesaurierungen voll im Kurswert der Aktie reflektiert würden. Denn nur in diesem Fall wäre sichergestellt, daß ein Aktionär spätestens im Ausscheidungszeitpunkt näherungsweise entsprechend seinem Anteil am Substanz- und Ertragswert der Gesellschaft entschädigt würde.[15] Sieht man von Teilbarkeitsproblemen ab, die vor allem bei Kleinaktionären eine Rolle spielen dürften, so könnte der Aktionär zudem durch Verkauf oder Beleihung eines Teils seines Aktienbestandes zumindest indirekt die Dispositionsmöglichkeit über den auf ihn entfallenden thesaurierten Gewinnanteil erhalten. Diese Situation ist heute nicht gegeben. Wenn auch eine exakte wissenschaftliche Analyse noch fehlt, so zeigen doch mehrfach angestellte Plausibilitätsüberlegungen, daß der Börsenwert vieler Aktiengesellschaften zum Teil erheblich unter deren Substanzwert liegt.[16] Das bedeutet nichts anderes, als daß jede einbehaltene Mark von der Börse niedriger bewertet wird als die ausgeschüttete. Die

15 Wegen der unterschiedlichen individuellen Ertragsteuerbelastungen der Aktionäre ist der Fall einer Identität von Thesaurierungsbetrag und Anstieg des Börsenwertes einer Unternehmung auch dann nur als Ausnahmekonstellation denkbar, wenn die Höhe der Thesaurierung der einzige variable Einflußfaktor auf den Börsenkurs wäre. Für einen einzelnen Aktionär ist die Identität zwischen dem auf ihn entfallenden Gewinnanteil und der Kurssteigerung seiner Aktien nahezu ausgeschlossen.

16 Engels, W., Industriefinanzierung im Wandel, unveröffentlichtes Manuskript, S. 5.

Möglichkeit des Verkaufs von Aktien ist für Aktionäre folglich nur ein ungenügender Ersatz für die individuelle Dispositionsmöglichkeit über die auf ihre Beteiligung entfallenden Anteile am Gewinn. Eine Verwendung des Jahresüberschusses von Aktiengesellschaften entsprechend den Konsum- und Investitionspräferenzen der Eigentümer der Unternehmung ist deshalb auch auf diesem indirekten Weg ausgeschlossen.[17]
Die gegen die Grundsätze einer freiheitlichen Wirtschaftsordnung verstoßende Einschränkung der Eigentümerrechte kann nicht mit übergeordneten gesamtwirtschaftlichen Zielen, etwa der Stärkung der volkswirtschaftlichen Investitionstätigkeit, gerechtfertigt werden. Die Ausweitung der Investitionsaktivitäten von Unternehmen sollte auf anderem Wege angestrebt werden als mit rechtlich-institutionellen Rahmenbedingungen, die die Gewinnthesaurierung begünstigen. Abgesehen davon, daß der Zusammenhang zwischen Gewinnakkumulation in gewinnerzielenden Unternehmen und zusätzlichen Investitionen außerordentlich zweifelhaft ist,[18] hat die ausgiebige Diskussion um die interne Selbstfinanzierung in den fünfziger Jahren deutlich zu Tage gefördert, daß eine solche Finanzierungspolitik in Konflikt zu zentralen anderen wirtschaftspolitischen Zielen steht. Vor allem drei Bereiche werden betroffen:
- Beschränkung der Lenkungsfunktion des Kapitalmarktes,
- Förderung der Unternehmenskonzentration,
- Personelle Konzentration des sogenannten »Produktivvermögens«.

a) *Beschränkung der Lenkungsfunktion des Kapitalmarktes*

Die in Unternehmen entstehenden Gewinne unterliegen nur insoweit der Lenkung durch den Kapitalmarkt, wie die Anteilseigner über ihre Verwendung frei entscheiden können, und zwar jeder einzelne Gesellschafter individuell für den auf ihn entfallenden Gewinnanteil. Der Entzug der in-

17 Es wird teilweise die Vorstellung vertreten, bei der Gewinnverwendungsentscheidung müßten neben den Interessen der Aktionäre und des Unternehmens auch die Interessen der Arbeitnehmer und des Staates berücksichtigt werden. Schmidt weist dies mit Recht zurück. Die Verteilungsproblematik stellt sich in einem früheren Stadium, nämlich bei der Festlegung der Einkommensanteile von Arbeit und Kapital, sowie der persönlichen Steuersätze und Transferansprüche. Schmidt, R., Gewinnverteilung, a.a.O., S. 92.

18 So bereits der Wissenschaftliche Beirat beim Bundeswirtschaftsministerium im Gutachten vom 16. Febr. 1963 zum Thema: Selbstfinanzierung bei verlangsamtem wirtschaftlichem Wachstum, in: Der Wissenschaftliche Beirat beim Bundeswirtschaftsministerium, 6. Band, Göttingen 1966, S. 41–45 (41).

dividuellen Gewinnverwendungskompetenz im Aktienrecht begünstigt die Selbstfinanzierung. Es ». . . entstehen gleichsam ›internalisierte‹ firmenspezifische Kapitalmärkte, die . . . der Kontrolle des öffentlichen Kapitalmarktes entzogen sind. Damit werden die unter Wettbewerbsgesichtspunkten wichtigen Allokations- und Reallokationsfunktionen des Kapitalmarktes behindert, und zwar zugunsten der von den Unternehmensleitungen favorisierten Anlageentscheidungen«.[19] Wie stark dieser Allokationsnachteil zu gewichten ist, hängt letztlich von den Fähigkeiten des Managements ab, die in der Unternehmung angesammelten Beträge in rentierliche Anlagen zu überführen. Daß die Selektionswirkung des Kapitalmarktes stärker greifen würde, wenn erzielte Gewinne statt zur internen Selbstfinanzierung zunächst an die Anteilseigner ausgeschüttet würden, liegt auf der Hand. In diesem Fall würden die Mittel nämlich nur dann wieder in die Unternehmung zurückfließen, wenn die Reinvestition in die eigene Unternehmung für den Aktionär tatsächlich die beste Investitionsalternative darstellt.

Vor allem unter zwei Gesichtspunkten liegt es nahe, daß die von Unternehmensleitungen favorisierten Anlageentscheidungen nicht immer volkswirtschaftlich optimal sind. Hier wäre zum einen auf Neugründungen von Unternehmen zu verweisen. Etablierte Unternehmen werden weniger bereit sein, Kapital für potentielle Unternehmensgründer bereit zu stellen, die dem eigenen Unternehmen Konkurrenz machen würden. Die Begünstigung der Selbstfinanzierung verbessert »einseitig die Finanzierungsmöglichkeiten der Etablierten (Unternehmen, d. Verf.) zum Nachteil des Newcomers, der sich zum einen der strengen Prüfung des Kapitalmarktes nicht entziehen kann und der zusätzlich dadurch benachteiligt ist, daß das Angebot an Beteiligungskapital künstlich gemindert ist um die Gewinnanteile, die etablierte Unternehmen ohne Eigentümerentscheid zur Selbstfinanzierung einbehalten haben«.[20] Neben der Erhöhung von Marktzutrittsschranken dürften weitreichende Selbstfinanzierungsmöglichkeiten auch Verzögerungen bei der Reallokation von Ressourcen zwischen schrumpfenden und expandierenden Märkten und Branchen erleichtern, da der Anpassungsdruck erheblich abgeschwächt ist. »Fehlleitungen des Kapitals drohen . . . vor allem dann, wenn sich in den späteren

19 Schüller, A., Eigentumsrechte, Unternehmenskontrollen und Wettbewerbsordnung, in: ORDO Jahrbuch für die Ordnung von Wirtschaft und Gesellschaft, Band 30, Stuttgart/New York 1979, S. 325–346 (332).

20 Pütz, P./Meyerhöfer, W., Hemmnisse und Hilfen für Unternehmensgründungen, a.a.O., S. 363.

Phasen der Marktentwicklung die unternehmerischen Expansionsspielräume ... verengen und immobile Unternehmensleiter vorherrschen.«[21]

b) *Förderung der Unternehmenskonzentration*

Von einigen Autoren wird der Aufhebung der Selektionsfunktion des Kapitalmarktes nur geringe Bedeutung zugesprochen. Sie gehen davon aus, daß die Anlageentscheidung des Managements großer Aktiengesellschaften mindestens ebenso gut gesamtwirtschaftlichen Allokationskriterien folge wie entsprechende Entscheidungen der Anteilseigner.[22] Angesichts erheblicher Bestände an festverzinslichen Wertpapieren bei einigen Aktiengesellschaften scheinen an dieser Vermutung durchaus Zweifel angebracht.[23] Aber selbst wenn tatsächlich der volkswirtschaftliche Bedarf an Kapitalumschichtung von schlechteren zu zukunftsträchtigeren Bereichen innerhalb der bestehenden Unternehmen befriedigt würde, bleibt ein entscheidender Nachteil der Thesaurierungspolitik: die Substitution des allgemeinen durch firmenspezifische Kapitalmärkte führt unvermeidlich zu einer stärkeren Industrieverflechtung.[24]
Die interne Selbstfinanzierung, sei es durch Legung stiller Reserven, sei es durch offene Gewinnthesaurierung bedeutet eine zunehmende Kapitalakkumulation bei den etablierten Aktiengesellschaften. Wird Kapital über den Bedarf hinaus angesammelt, der für eine Produktion mit optimaler Betriebsgröße erforderlich ist, so führt weiteres Wachstum auf dem angestammten Markt zu horizontaler Konzentration, die nicht durch Kostendegressionen gerechtfertigt werden kann. Als Alternative ist die Diversifikation in andere Branchen denkbar, was nicht immer Ausdruck notwendiger Kapitalumschichtungen aus schrumpfenden Branchen heraus zu sein braucht. Es entstehen konglomerate Konzerne, durch die gesamt-

21 Schüller, A., Eigentumsrechte, Unternehmenskontrollen und Wettbewerbsordnung, a.a.O., S. 332.
22 Stützel, W., Die Aktie im Wandel der Zeiten – Die Aktie als Instrument der Industrieverflechtung, in: Finanzierung in der öffentlichen und privaten Wirtschaft, hrsg. v. Deutsche Gesellschaft für Betriebswirtschaft, Berlin 1959, S. 59–70 (65).
23 Die konsolidierte Konzernbilanz (Welt) der Siemens AG weist zum 30. Sept. 1982 allein im Umlaufvermögen festverzinsliche Wertpapiere und Schuldscheinforderungen mit ca. 9,4 Mrd. DM aus. Das ausgewiesene Eigenkapital beträgt »nur« 9,0 Mrd. DM (davon Grundkapital knapp 2,0 Mrd. DM); Siemens AG, Bericht über das Geschäftsjahr vom 1. 10. 81–30. 9. 82, a.a.O., S. 49.
24 Stützel, W., Die Aktie im Wandel der Zeiten – Die Aktie als Instrument der Industrieverflechtung, a.a.O., S. 66.

wirtschaftlich erwünschte Wettbewerbsmechanismen beeinträchtigt werden können.
Vom Management der überwiegend breit diversifizierten Publikumsaktiengesellschaften wird die erreichte Risikostreuung oft als besondere Leistung herausgestellt: Das Verlustrisiko für Aktionäre sei gemindert. Ob dies tatsächlich einen Vorteil für die Aktie bedeutet, ist zweifelhaft. Zum einen erhöht die mit der Diversifikation angestrebte Möglichkeit zum internen Verlustausgleich die Gefahr, daß man sich nicht rechtzeitig von unrentablen Konzernteilen löst. Dazu kommt, daß mit der Senkung des Verlustrisikos gleichzeitig auch die Chancen hoher Unternehmensrenditen beschränkt werden.
Die Aktie wandelt sich vom Risiko- und Ertragspapier in ein Rentenpapier mit minimaler Durchschnittsverzinsung, die zwischen Gewinn- und Verlustperioden weniger stark schwankt. Der Aktionär als Rentner wird zum Leitbild, das durch Dividendenkontinuität gefördert wird.[25] Für unternehmerisch eingestellte Kapitalgeber, die bewußt ihr Kapital in eng begrenzten Geschäftszweigen anlegen wollen, bietet die Börse dann kaum Chancen. Statt der Beteiligung an Einzelrisiken besteht die Möglichkeit zur Beteiligung an Konzernen, die nur zum Teil die vom Anleger präferierten Risiken tragen. Eine individuelle Risikozusammenstellung ist kaum mehr möglich.[26]
Nun könnte wieder eingewandt werden, daß Unternehmensleitungen bei Anlageentscheidungen mindestens in gleicher Weise eine optimale Risikostreuung erreichen können wie ein breiter Kreis von Aktionären, so daß der Beschränkung des Anlagespektrums unter Effizienzgesichtspunkten nur eine zu vernachlässigende Bedeutung zukomme. Abgesehen davon, daß die Gefahr von Fehlinvestitionen beziehungsweise der Schaden der Fehlentscheidung eines Anlegers um so größer ist, je kleiner der Kreis derjenigen ist, die nach lukrativen Investitionsmöglichkeiten suchen, übersieht die These auch, daß die Kapitalakkumulation in den etablierten Aktiengesellschaften den Unternehmensverwaltungen erhebliche Machtpositionen einräumt. Damit wächst die Gefahr von Mißbräuchen.
Die von Großunternehmen durch Diversifikation erreichte Risikostreuung geht zu Lasten einer Konzentration des Aktienbesitzes innerhalb der

25 Diese Entwicklung wird verstärkt, wenn die Gesellschaften mit den thesaurierten Mitteln ihre Bestände an festverzinslichen Wertpapieren erhöhen, anstatt sie für Sachinvestitionen zu verwenden.
26 Vgl. Gerke, W., Das Splitting von Konzerngesellschaften, in: Handelsblatt Report zum Aktienforum '82, vom 22. Okt. 1982, S. 88–91 (90).

bestehenden Unternehmen. Zwar versuchen Kartellbehörden über die Fusionskontrolle gravierende Störungen des Wettbewerbs durch Unternehmenszusammenschlüsse - und hierzu zählt auch der Aktienerwerb ab einer bestimmten Größenordnung - zu verhindern. Doch ist auch unterhalb der gesetzlichen Grenzen eine institutionelle Verflechtung der Unternehmen durch gegenseitigen Aktienbesitz problematisch. Wirtschaftspolitisch wäre stattdessen der Aktienerwerb unmittelbar durch private Haushalte wünschenswert.[27]

Dies gilt auch dann, wenn von den spezifischen Verhaltensspielräumen konglomerater Konzerne abgesehen wird und angenommen wird, daß die Unternehmensleitungen ihre Finanzkraft nicht mißbräuchlich nutzen; denn die Managementkontrolle ist in weniger diversifizierten Konzernen erleichtert. »Die Vorstände von stärker monolithisch strukturierten Unternehmen könnten die vorher innerhalb des Gesamtkonzerns gegebenen Möglichkeiten zur Verschleierung von schlechten Geschäften in Teilbereichen nicht mehr nutzen . . .«.[28] Die Aussagekraft des Jahresabschlusses würde gestärkt und Fehlentwicklungen würden für Außenstehende, seien es Aktionäre, Arbeitnehmer oder Gläubiger, früher sichtbar. Ungenügende Managementleistungen dürften deshalb eher in die Schußlinie der Kritik geraten, und es steht zu erwarten, daß damit auch notwendige unternehmerische Anpassungen weniger leicht hinausgezögert werden können.

Es ist gerade ein Wesenszug der Aktiengesellschaft, umfangreiche Kapitalbeträge anzusammeln. Die Kapitalakkumulation und die damit verbundene Gefahr des Machtmißbrauchs - die im übrigen auch nicht durch »demokratische« Verwaltungen beseitigt wird - kann nicht allein durch eine Beschränkung der internen Selbstfinanzierung verhindert werden. Wenn Unternehmen umfangreich Kapital ansammeln wollen, können sie das auch über zusätzliche Börsenemissionen erreichen. Die Beschränkung der Kapitalbeschaffungsmöglichkeiten für Großunternehmen ist als solche kein Ziel der Wirtschaftspolitik. Aber es gibt genau so wenig einen Anlaß, gerade großen Aktiengesellschaften über die begünstigte und kaum kontrollierte Selbstfinanzierung eine solche Machtanhäufung besonders zu erleichtern.

27 Vgl. Graf Lambsdorff, O., Die Bedeutung der Aktie als Finanzierungsinstrument für die Wirtschaft, a.a.O., S. 6–8.

28 Gerke, W., Das Splitting von Konzerngesellschaften, a.a.O., S. 91.

c) *Personelle Konzentration des sogenannten »Produktivvermögens«*

Die aktien- und steuerrechtliche Förderung der internen Selbstfinanzierung begünstigt einseitig die Vermögensbildung innerhalb der etablierten Unternehmen. Bei Publikumsgesellschaften kommt die Vermögensanreicherung vorzugsweise jener kleinen Gruppe von Anteilseignern zugute, die nicht auf Gewinnausschüttungen angewiesen und nicht an Ausschüttungen interessiert sind.[29] Das sind die Aktionäre, deren individuelle Grenzsteuerbelastung 53,8 % übersteigt, und solche, für die der Substanzwert der Aktie im Mittelpunkt steht, also vornehmlich Großaktionäre. Beide Gruppen bedürfen keiner besonderen gesetzlichen Begünstigung. Stützel hat bereits 1959 die Bedingungen für gleiche Vermögensbildungschancen von Groß- und Kleinaktionären genannt: Es kommt in erster Linie darauf an, ». . . daß die Erträge der Gesellschaften . . . möglichst vollständig ausgewiesen werden, daß der Aktionär . . . vor einer verdeckten Vermögensverlagerung . . . zu einer etwaigen Muttergesellschaft oder sonstigen Großaktionären . . . geschützt wird und daß ihm für den Fall des Organschaftsvertrages oder der Fusion mit einer aufnehmenden Gesellschaft bessere Garantien geboten werden, wirklich Anteil am Wert einer Gesellschaft einschließlich deren stillen Reserven zu erhalten.«[30] Die Aktienrechtsreform 1965 hat einige Schritte in diese Richtung getan und auch die jüngere Rechtsprechung hat Verschärfungen gebracht.[31] Trotzdem ist ein Aktienpaket auch heute im allgemeinen teurer als der Kurswert der einzelnen Aktien. Der darin zum Ausdruck kommende Paketzuschlag macht deutlich, daß der Minderheitenschutz weiterhin unvollkommen geblieben ist.

Der Paketzuschlag ist einmal die Folge der fragwürdigen steuerlichen Begünstigung von Schachtelbeteiligungen,[32] deren konzentrationsfördernde

29 Wissenschaftlicher Beirat beim Bundesminister der Finanzen und Wissenschaftlicher Beirat beim Bundeswirtschaftsministerium, Kapitalmarkt und Besteuerung, Gemeinsames Gutachten vom 26. Jan. 1958, in: Der Wissenschaftliche Beirat beim Bundeswirtschaftsministerium, 5. Band, Göttingen 1961, S. 35–48 (43).

30 Stützel, W., Aktienrechtsreform und Eigentumsbildung, in: die Aussprache, 9. Jg. (1959), S. 231-235 (233).

31 Lutter verweist vor allem auf die Rechenschafts- und Auskunftspflicht der Verwaltung gegenüber dem einzelnen Aktionär und die Verbesserung der Möglichkeiten zur Anfechtung von Mehrheitsentscheidungen vor den Gerichten. Vgl. Lutter, M., Mehr Rechte für die Kleinen, in: Handelsblatt Report zum Aktienforum '82, vom 22. Okt. 1982, S. 74–79 (76).

32 Neben dem vermögensteuerlichen Schachtelprivileg kommt im ertragsteuerlichen Bereich der in Doppelbesteuerungsabkommen regelmäßig vorgesehenen Freistellung von Erträgen aus ausländischen Schachtelbeteiligungen bei der inländischen Einkommensbesteuerung des Beteiligten besondere Bedeutung zu.

Wirkung unbestritten ist. Die entscheidende Ursache für den Paketaufschlag auf den Kurswert der einzelnen Aktie liegt aber darin, daß das Aktienpaket besondere Verfügungsmacht einräumt.[33] Die höhere Bewertung der in einem Paket zusammengefaßten Aktien zeigt, daß durch die Kumulation der Aktienrechte in einer Hand Einflußmöglichkeiten gewonnen werden können, die eine große Zahl von Kleinaktionären mit einem entsprechenden Anteil am Grundkapital nicht besitzt. Daß diesen Einflußmöglichkeiten ein besonderer Wert zukommt, bedeutet gleichzeitig, daß ohne solche Macht unternehmerische Dispositionen teilweise gegen die Interessen der Aktionäre erfolgen.

Der »Mehrwert« resultiert daraus, daß der Großaktionär eigene Interessen stärker durchsetzen kann, und zwar entweder gegen die Interessen des Managements oder, und dies dürfte der Regelfall sein, zu Lasten der Kleinaktionäre. Während das Management durch Abwanderung und Widerspruch seinen Einfluß in jedem Falle geltend machen kann, sind dem Aktionär diese regulären Marktreaktionen in stärkerem Maße verbaut. Auf der einen Seite verhindert die Praxis des Depotstimmrechts einen wirkungsvollen Widerspruch des Kleinaktionärs auf der Hauptversammlung, und auf der anderen Seite muß die »Abwanderung« durch Rückgewähr der Einlagen (Kündigung der Aktien) ausgeschlossen bleiben, soll die Aktiengesellschaft ihre historische Funktion behalten.[34] Der Verkauf der Aktien durch Kleinaktionäre ist nur dann ein wirksames Druckmittel, wenn die Gesellschaft gerade nicht auf die Selbstfinanzierung ausweichen kann, sondern zur Eigenkapitalbeschaffung auf den Kapitalmarkt angewiesen ist; in diesem Fall muß die Firma den Eindruck erwecken, daß sie in Zukunft angemessene Dividenden ausschütten wird. Diesen Eindruck wird sie unter heutigen Bedingungen jedoch weniger leicht hervorrufen können.

Solange der Schutz des Minderheitsgesellschafters vor Übervorteilung

33 Daß der Paketzuschlag nicht die Ausnahme sondern der Regelfall sein dürfte, kommt in den vermögensteuerlichen Bewertungsrichtlinien zum Ausdruck, die bei wesentlichen Beteiligungen einen entsprechenden Zuschlag vorsehen. Abschnitt 74 Abs. 4 VStR sieht im allgemeinen einen Zuschlag bis zu 25 % vor.

34 Heute ist selbst bei Kapitalerhöhungen die Widerspruchsmöglichkeit der Aktionäre äußerst begrenzt. In Kombination mit den zum Teil aktionärsfernen Interessen der Depotstimmrechtsnehmer ist der Vorstand in der Lage, den Aktionär zur Teilnahme an einer Kapitalerhöhung dadurch zu zwingen, daß junge Aktien unter dem Kurs alter Aktien ausgegeben werden. Zwar wird der unmittelbare Vermögensnachteil durch das Bezugsrecht mehr oder weniger kompensiert, doch gelingt es dem Vorstand, durch die Emission unter Börsenkurs die Kapitalerhöhung immer am Markt durchzusetzen.
Vgl. Engels, W., Thesenpapier zum Unternehmensrecht, vom 17. Juli 1982, unveröffentlichtes Manuskript, S. 3.

durch Großaktionäre nicht gelingt und nicht sichergestellt ist, daß auch Kleinaktionäre entsprechend ihrer Beteiligung in vollem Umfange am Gesellschaftsvermögen und an den erzielten Erträgen teilhaben, dürfte die Beteiligung breiter Massen am »Produktivvermögen« eine Utopie bleiben. Im Gegenteil, wenn die Aktie auch weiterhin – im Gegensatz zum Prinzip gleicher Rechte für Aktien einer einheitlichen Kategorie (§ 11 Satz 2 AKtG) – für Großaktionäre faktisch andere Rechte verkörpert, dürfte es selbst mit gewaltigen Subventionen auf Dauer kaum gelingen, die Wanderung von Aktien ... »aus den Händen solcher Besitzer, für die sie nur geringen Wert repräsentieren, in die Hände derer, für die sie einen größeren Wert repräsentieren«[35] zu verhindern. Die bereits zu Anfang der sechziger Jahre erkannten Mängel hat die Aktienrechtsreform von 1965 nicht genügend beheben können.[36] Angesichts des erheblichen Sparvolumens privater Haushalte und der Schieflage bei der Anlage dieser Mittel scheint heute eine konsequente Fortführung der damals eingeleiteten Schritte dringlich.

3. *Stärkung des Anlegerschutzes durch Sicherung des individuellen Vermögens- und Ertragsanspruchs aller Aktionäre*

Das dem Aktienrecht der Bundesrepublik Deutschland zugrunde liegende Konzept beruht auf der Bevormundung des Aktionärs. Angeblich auch in seinem Interesse als Anleger, teilweise im Interesse der Gläubiger und geleitet von der Vorstellung, das Unternehmen an sich schützen zu sollen, wird die Aktiengesellschaft umfangreichen Vorschriften der Rechnungslegung sowie Prüfungs- und Publizitätsvorschriften unterworfen. Zu den vielfach zitierten »gläsernen Taschen« der Unternehmungen, das heißt zu wirklichkeitsnahen Bewertungen, führt dies freilich nicht. Bei florierenden Aktiengesellschaften werden in Verbindung mit steuerlichen Ermunterungen stille Reserven durch Falschbewertungen gelegt.

35 Stützel, W., Die Aktie im Wandel der Zeiten – Die Aktie als Instrument der Industrieverflechtung, a.a.O., S. 68.

36 Kritisch zu den Möglichkeiten der Kleinaktionäre, Einfluß auf die Selbstfinanzierungsentscheidungen der Unternehmen auszuüben, auch Büschgen, H. E., Zum Problem optimaler Selbstfinanzierungspolitik in betriebswirtschaftlicher Sicht, in: Zeitschrift für Betriebswirtschaftslehre, 38. Jg. (1968), S. 305–328 (316).

Der Gewinn wird also abweichend von der tatsächlichen Situation niedriger ausgewiesen. Andererseits bietet bei weniger florierenden Aktiengesellschaften die Auflösung stiller Reserven die Möglichkeit, den Aktionären und der Öffentlichkeit Informationen über die wirkliche Lage des Unternehmens für einige Zeit vorzuenthalten.

a) *Abbau von Diskriminierungen der Aktiengesellschaft*

Die organisierte und zum Teil sogar durch die Grundsätze ordnungsmäßiger Buchführung erzwungene Fehlinformation im Jahresabschluß von Publikumsgesellschaften steht weitgehend nur im Hintergrund der Diskussion um eine Verbesserung des Marktes für Beteiligungskapital. Das Schwergewicht der Kritik liegt stattdessen auf den vielfältigen Sonderlasten für Unternehmen in der Rechtsform der Aktiengesellschaft.[37] Da diese bereits an anderer Stelle[38] eingehend diskutiert wurden, seien sie hier nur kurz beispielhaft aufgelistet:

- Prüfungs- und Publizitätspflichten, die über die Anforderungen an Unternehmen gleicher Art in anderen haftungsbeschränkenden Rechtsformen bei gleicher Unternehmensgröße hinausgehen,
- mehrfache Substanzbesteuerung (Gewerbekapitalsteuer, mehrfache Vermögensteuer sowie die darauf entfallende Körperschaftsteuer zuzüglich der Gewerbesteuer nach dem Ertrag, der auch die Vermögensteuer und die Körperschaftsteuer auf die Vermögensteuer enthält),
- Nicht-Abzugsfähigkeit von 50 % der betrieblich veranlaßten Aufwendungen für den Aufsichtsrat (§ 10 Nr. 3 KStG), und zwar obwohl die Vergütungen beim Empfänger in vollem Umfang steuerpflichtig sind.
- Gesellschaftsteuer und Börsenumsatzsteuer,
- einseitige Quellenbesteuerung,
- zusätzliche Ertragsbesteuerung für Gewinne, die bei Einbehaltung in der Unternehmung zunächst nicht versteuert werden (Ausschüttungen aus Teilen des verwendbaren Eigenkapitals im Sinne von § 30 Abs. 2 Nr. 1–3 KStG),

37 Die steuerrechtlichen Diskriminierungen treffen nicht, wie oft vereinfachend behauptet wird, ausschließlich die Aktiengesellschaft. Es handelt sich allgemein um eine Benachteiligung von Kapitalgesellschaften gegenüber Personenunternehmen.

38 Vgl. z. B. Pütz, P./Meyerhöfer, W., Hemmnisse und Hilfen für Unternehmensgründungen, a.a.O., S. 432 f.

- Mindestgründerzahl,
- Arbeitnehmermitbestimmung.

Der Abbau der genannten Diskriminierungen ist zum Teil aus ideologischen Gründen gescheitert, die hier nicht diskutiert werden sollen. Gegen die wirtschaftspolitisch gebotenen steuerrechtlichen Änderungen werden überwiegend nur fiskalische Argumente vorgebracht. Sie überzeugen wenig angesichts der Tatsache, daß trotz vorrangiger Haushaltskonsolidierung zusätzliche Fördermaßnahmen für Unternehmen ernsthaft diskutiert werden. Erinnert sei an die Forderungen nach weiteren Abschreibungserleichterungen, nach Subventionierung des Aktienerwerbs entsprechend französischem und belgischem Vorbild oder an die Forderung nach zusätzlichen Freibeträgen für Kapitalerträge aus unternehmerischer Betätigung.[39] Statt neuer Subventionen und Verkomplizierungen im Steuerrecht sollten zunächst die genannten Diskriminierungen beseitigt werden.[40] Solche Reformen dienen demselben Ziel, vermeiden aber neue Strukturverzerrungen und wären ein echter Beitrag zur Deregulierung.

b) *Neue Zielrichtung für den Anlegerschutz*

Durch einen konsequent fortzusetzenden weiteren Abbau der diskriminierenden Belastungen für die Aktiengesellschaft kann und muß die Attraktivität dieser Rechtsform für unternehmerische Betätigungen gesteigert werden. Dies allein reicht jedoch nicht aus. Die Eigenkapitalausstattung gewerblicher Unternehmen dieser Rechtsform wird nur dann nachhaltig verbessert werden, wenn es gleichzeitig gelingt, auch den Erwerb von Aktien für die Kapitalanleger attraktiver zu machen.
Die Maßnahmen zum Anlegerschutz waren in der Vergangenheit oft aus-

39 Schlesinger, H., Wenn Unternehmen an Auszehrung leiden, a.a.O., S. 15; Fritsch, U., Ganz ohne Förderung geht die Aktie nicht, in: Handelsblatt Report zum Aktienforum '82, vom 22. Okt. 1982, S. 54–59; Goerdt, D., Strukturverbesserungen am Aktienmarkt dürften langfristig auch den Etat entlasten, in: Handelsblatt, Nr. 204 vom 22./23. Okt. 1982, S. B8–B9; Vormbaum, H., Sicherung der Unternehmensfinanzierung durch Schaffung neuer Kapitalanlageformen und Risikostrukturen, erweiterter Arbeitsbericht, Stand Oktober 1983, S. 39; Albach, H., Zur Versorgung der deutschen Wirtschaft mit Risikokapital, a.a.O., S. 121.

40 Im gleichen Sinne Sachverständigenrat zur Begutachtung der gesamtwirtschaftlichen Entwicklung, Jahresgutachten 1982/83, a.a.O., Ziff. 333–339 sowie 346–347, S. 190–194, sowie Häfele, H. J., zitiert in: o. V., Das Risiko der Vermögensanlage in Aktien soll sich wieder lohnen, in: Handelsblatt, Nr. 205 vom 25. Okt. 1982, S. 5.

schließlich auf mehr statt auf qualifiziertere Publizität ausgerichtet und nützen dem Anleger daher nur begrenzt. Um dem unbestrittenen Ziel einer breiteren Beteiligungsfinanzierung näher zu kommen, halten wir eine neue Zielrichtung des Anlegerschutzes für notwendig. Durch rechtlich-institutionelle Maßnahmen muß stärker als in der Vergangenheit sichergestellt werden, daß die Unternehmenspolitik von Aktiengesellschaften nicht an irgendwelchen abstrakten Unternehmenszielen ausgerichtet ist, sondern wieder primär den Interessen sämtlicher Anteilseigner dient.
Um die Attraktivität der Aktie marktkonform und nachhaltig aufzubessern, ist es notwendig, die Idee von der verselbständigten Aktiengesellschaft als »Unternehmen an sich« aufzugeben und den Gedanken der Aktionärsdemokratie in einigen zentralen Bereichen aufzulockern. Nur so dürfte es möglich sein, das Verhalten der Aktiengesellschaften stärker an die Interessen ihrer Eigentümer und vor allem auch an die unterschiedlichsten Individualinteressen bei einem breiten Kreis von Aktionären anzupassen.
Als Zielbeschreibung für die notwendigen Änderungen im Aktiengesetz kann die Zielproklamation der Aktienrechtsreform von 1965 nahezu wörtlich übernommen werden. Nach der Begründung des damaligen Regierungsentwurfs muß ein Aktienrecht, das den Grundsätzen unserer Wirtschaftsverfassung (zum Beispiel Schutz des privaten Eigentums) entsprechen soll, ». . . von dem wirtschaftlichen Eigentum der Aktionäre an dem auf ihren Kapitalbeiträgen beruhenden Unternehmen ausgehen und darf das Mitsprache- und Kontrollrecht der Aktionäre nur soweit einschränken, als dies erforderlich ist, um die Funktionsfähigkeit und die Erreichung des Zwecks des Zusammenschlusses zu sichern, zu dem sich die Aktionäre freiwillig verbunden haben, sowie um die Wahrung übergeordneter wirtschafts- und gesellschaftspolitischer Ziele zu gewährleisten.«[41]
Damit sind die Möglichkeiten und Grenzen für Änderungen in der rechtlichen Organisationsstruktur der Aktiengesellschaft vorgegeben.
Mitspracherechte und vor allem individuelle Mitspracherechte einzelner Aktionäre müssen nahezu ausgeschlossen sein, wenn es um die Vielzahl unternehmerischer Einzelentscheidungen geht, die zur Erfüllung des Unternehmenszweckes tagtäglich zu treffen sind. Die Grenzen zu strategischen Unternehmensentscheidungen sind allerdings fließend. Die allgemeine Festlegung des Unternehmensgegenstandes jedenfalls muß vornehmlich im Entscheidungsbereich derer liegen, die sich gerade zur Errei-

41 Bundesregierung, Regierungsentwurf zur Reform des Aktiengesetzes, BT-Drucksache IV/171, vom 3. 2. 1962, S. 93.

chung eines bestimmten Zieles zusammengeschlossen haben oder zusammenschließen wollen. Hier genauso wie bei der Bestellung der Unternehmensleiter sind einheitliche Aktionärsentscheidungen unumgänglich. Sie können letztlich nur über Mehrheitsentscheidungen und damit nach dem Konzept der Aktionärsdemokratie herbeigeführt werden.
Die Frage, wo genau die Grenze liegt, bis zu der Aktionären individuelle Einflußmöglichkeiten ohne Gefahr für die Funktionsfähigkeit der Unternehmung eingeräumt werden können, und wann einheitliche Aktionärsentscheidungen notwendig sind, soll hier nicht umfassend geprüft werden. Es sind aber einige Bereiche erkennbar, in denen die individuellen Interessen der Aktionäre stärker zur Geltung gebracht werden könnten, ohne die Dispositions- und Entfaltungsmöglichkeiten der Unternehmensleitung übermäßig zu beschneiden. Der zentrale Punkt ist dabei die Forderung nach einem verbesserten Gewinnzugriff für die Eigentümer der Unternehmung.[42] Durch institutionelle Änderungen in diesem Bereich kann die Attraktivität der Aktie entscheidend verbessert und so die Beteiligungsfinanzierung erleichtert werden. Gleichzeitig würden die durch die heutige Organisationsstruktur der Aktiengesellschaft bedingten Anreize für volkswirtschaftliche Fehlallokationen beseitigt.

c) *Verbesserte Klagerechte für Aktionäre*

Zur Sicherung der berechtigten Interessen der Kapitalanleger und hier vor allem der Kleinaktionäre wird unter anderem ein Klagerecht für Einzelaktionäre diskutiert.[43] Die Wirkung eines nach amerikanischem Recht ausgestalteten Klagerechts dürfte gering bleiben. Das im Aktiengesetz vorgesehene Kontrollorgan für die Maßnahmen des Vorstands ist der Aufsichtsrat. Wenn selbst diesem mit besonderen Auskunftsrechten und Kompetenzen ausgestatteten Organ nicht gelingt, Maßnahmen des Managements aufzudecken, durch die Aktionäre unfair geschädigt wurden, oder wenn der Aufsichtsrat »seinen« Vorstand gegen die Interessen der betroffenen Aktionäre sogar deckt, wird es für einen Kleinaktionär nahezu ausgeschlossen sein, Informationen über ein schädigendes Verhalten des Vorstandes zu gewinnen.

42 Die Notwendigkeit eines effektiven Minderheitenschutzes bei der Gewinnverwendung betont Vollmer sogar für die oft personalistisch ausgerichtete Gesellschaft mbH. Vgl. Vollmer, L., Mehrheitskompetenzen und Minderheitenschutz bei der Gewinnverwendung nach künftigem GmbH-Recht, in: Der Betrieb, 36. Jg. (1983), S. 93–96 (94).
43 Lutter, M., Mehr Rechte für die Kleinen, a.a.O., S. 79.

Vor allem unter Gesichtspunkten der Vorbeugung scheint ein verbessertes Klagerecht für einzelne Aktionäre trotzdem zweckmäßig, da es zumindest in sehr deutlichen Fällen erlaubt, Mißbräuche des Vorstands zu bekämpfen. Nachteile brauchen aus ökonomischer Sicht solange nicht erwartet zu werden, wie der klagende Aktionär das hohe Kostenrisiko voll trägt.[44]

d) *Neue Wahlverfahren für den Aufsichtsrat*

Andere Vorschläge zur Sicherung der berechtigten Interessen der Kleinaktionäre zielen auf die *Zusammensetzung des Aufsichtsrates* als des Gremiums, das im wesentlichen gerade die Interessen der Aktionäre gegenüber dem Vorstand vertreten soll. Die Wahl der Aktionärsvertreter in der Hauptversammlung wird heute entscheidend geprägt durch den Stimmblock etwaiger Großaktionäre beziehungsweise durch den Stimmenpool, den das Depotstimmrecht der Kreditinstitute bewirkt.[45] Die praktische Handhabung in der Vergangenheit hat gezeigt, daß damit für einzelne Kleinaktionäre der Zutritt zum Aufsichtsrat überwiegend versperrt war. Um diesen Mißstand zu mildern und um die Präsenz von Kleinaktionären im Aufsichtsrat entsprechend ihrem Anteil am Gesamtkapital aufzustocken, werden Änderungen im Abstimmungsverfahren bei der Wahl der Aufsichtsratsmitglieder vorgeschlagen.

Wesentliche Vorteile werden solche Wahlverfahrensänderungen unseres Erachtens nicht bringen. Abgesehen davon, daß eher die persönlichen und fachlichen Qualitäten als die Zugehörigkeit zu einer bestimmten Aktionärsgruppe für die Mitgliedschaft im Aufsichtsrat entscheidend sein sollten, bleibt fraglich, wie die Kleinaktionärsvertreter im Aufsichtsrat Minderheitenrechte durchsetzen sollen, solange die Teilung des Aufsichtsrates in nahezu gleich starke Gruppen von Anteilseignern und Arbeitnehmern

44 Ebenda.

45 Die Probleme des Vollmachtsstimmrechts sind in der Vergangenheit mehrfach untersucht worden. Wenn das derzeitige Verfahren in seiner Grundstruktur als angeblich beste aller (schlechten) Lösungen beibehalten werden soll, so ist zumindest eine stärkere Offenlegung der Rechtsbeziehungen der Stimmrechtsbevollmächtigten zum Unternehmen geboten. Es soll deshalb vorgeschrieben werden, daß bei der Bitte um Vollmachtserteilung gegenüber den Aktionären zusätzlich zu den bisherigen Angaben alle Beziehungen offenzulegen sind, in denen die Vollmachtsnehmer als Lieferanten, Kreditgeber oder Kreditnehmer, als Aktionäre, Tarifpartner oder als Inhaber vertraglicher oder sonstiger Einflußrechte und Aufsichtsbefugnisse zu der betreffenden Aktiengesellschaft stehen.

noch eine so große Rolle spielt.[46] Die Mitbestimmungsreform aus dem Jahre 1976 dürfte den Weg der Stärkung der Kleinaktionäre über ein Verhältniswahlrecht zum Aufsichtsrat verbaut haben. Dazu kommt, und hier dürfte das entscheidende Argument gegen eine solche Lösung liegen, daß auch eine ausgewogene Struktur der Aktionärsvertreter im Aufsichtsrat die unterschiedlichen Interessen der verschiedenen Aktionärsgruppen nicht beseitigen kann. Sie mag allenfalls zu ausgewogeneren Kompromißlösungen führen; dieser Vorteil dürfte die Popularität und Attraktivität der Aktie aber für den gewünschten Kreis potentieller Kapitalanleger nicht hinreichend steigern.

e) *Die Entscheidung über die Verwendung des Jahresüberschusses*

Bereits bei der Aktienrechtsreform von 1965 war es ein erklärtes Ziel, die Entscheidung über die Verwendung des Jahresüberschusses den Aktionären zukommen zu lassen. Dabei sollte jedoch nicht, wie die Gesetzesformulierung nahelegt, für jeden einzelnen Aktionär ein Individualanspruch auf den seiner Beteiligungsquote entsprechenden Anteil am festgestellten Jahresüberschuß geschaffen werden. Man verlagerte lediglich - und dies auch nur für einen Teil des Jahresüberschusses - die Kompetenz über die Gewinnverwendungsentscheidung von den vorher zuständigen Organen Vorstand und Aufsichtsrat auf ein anderes Gesellschaftsorgan, nämlich die Hauptversammlung. Wirtschaftlich änderte sich damit, wie Stützel mit Recht kritisiert hat, praktisch nichts. Die Neuregelung bedeutet nämlich, ». . . daß über die Gewinnverwendung nicht von einzelnen Aktionären, sondern von der Hauptversammlungsmajorität entschieden werden soll. Genau dieselbe Hauptversammlungsmajorität konnte aber auch schon . . . (vorher d. Verf.) jeden Aufsichtsrat, der eine ihr unangenehme Bilanz- und Dividendenpolitik billigte, abwählen. . . . Ob Aufsichtsrat oder Hauptversammlung die Gewinnverwendungskompetenz haben - die Kompetenz bleibt damit letztlich bei . . . derselben Gruppe. Die Gefahr, daß eine Majorität die Minderheitsaktionäre aushungern läßt, wird . . . nicht verkleinert.«[47, 48] Aber nicht nur wegen der Möglichkeit, Minder-

46 Lutter, M., Mehr Rechte für die Kleinen, a.a.O., S. 79.
47 Stützel, W., Worum geht es bei der Aktienrechtsreform, a.a.O., S. 142.
48 Der Gesetzgeber hat in Kauf genommen, daß mit der zwingend vorgesehenen Kompetenzzuweisung für die Gewinnverwendungsentscheidung das Interesse der Minderheitsaktionäre weiterhin stark beeinträchtigt werden kann. Die in § 254 AktG geschaffene

heitsaktionäre unfair zu benachteiligen, indem ihnen erzielte Gewinne vorenthalten werden, sind rechtlich-institutionelle Änderungen geboten. In dem derzeitigen Steuersystem muß, wie bereits gezeigt wurde, bei heterogener Aktionärsstruktur jede einheitliche Entscheidung über die Verwendung des Jahresüberschusses gegen die Interessen einzelner Aktionärsgruppen verstoßen. Die teilweise künstlich geschaffenen Gegensätze zwischen Mehrheits- und Minderheitsinteressen müssen beseitigt werden.

(1) *Der Vorschlag, das Aktienkapital in Ausschüttungs- und Thesaurierungsaktien zu spalten*

Um die unvermeidlichen Interessenunterschiede zwischen den Aktionären einer Publikumsgesellschaft bei der Entscheidung über die Verwendung des erwirtschafteten Jahresüberschusses berücksichtigen zu können, hat Strömer zu Beginn der siebziger Jahre einen interessanten Weg gezeigt. Er schlägt vor, die Aktien einer Unternehmung in zwei Serien aufzuteilen: »Die Gewinnanteile der Serie A werden satzungsgemäß in vollem Umfang einbehalten, die Gewinnanteile der Serie B werden satzungsgemäß in vollem Umfange bar ausgezahlt.«[49] Die Inhaber von Thesaurierungsaktien erhalten in Höhe des Nettogewinns jeweils neue Aktien. Mit der Übernahme von Aktien der Kategorie A oder B liegt es im Zeitpunkt der Emission in der Hand der Aktionäre festzulegen, welcher Teil des künftigen Ergebnisses ausgeschüttet und wieviel einbehalten wird. Maßgebend wäre dann nicht mehr eine spätere demokratische Mehrheitsentscheidung; die Gewinnverwendung der Unternehmung ist vielmehr das Ergebnis aus den Entscheidungen, die die Aktionäre jeweils einzeln über die Verwendung ihres Gewinnanteils nach ihren individuellen Präferenzen getroffen haben.[50] Denkbar ist auch, daß sich die Gesellschaft verpflichtet, Aktien der einen Kategorie jederzeit in Aktien der anderen Kategorie zu einem vorher festgelegten Kurs (etwa 1:1) umzutauschen. Der Umtausch 1:1 bringt bilanztechnisch für die Gesellschaft im Augenblick des Umtauschs keine Probleme, weil die Gesamtsumme des Grundkapitals unverändert bleibt und nur innerhalb des Grundkapitals von der einen zur anderen Kategorie umgebucht wird. Für die spätere Gewinnverwendung

Schranke für die Rücklagenbildung ist nahezu bedeutungslos. Vgl. im einzelnen Biedenkopf, K. H./Claussen, C. P. u. a., Kölner Kommentar zum Aktiengesetz, Köln/Berlin/Bonn/München 1970, § 58 Anm. 35.

49 Strömer, J., Ausschüttungspolitik und Unternehmenswert von Publikumsgesellschaften, a.a.O., S. 178.

50 Vgl. zu technischen Einzelheiten des »Zwei-Serien-Plans« ebenda, S. 175–181.

ergeben sich allerdings erhebliche Veränderungen: Steigt der Anteil der Thesaurierungsaktien, dann erhöht sich die Belastung des Unternehmens durch Körperschaftsteuer, der keine Anrechnung beim Aktionär gegenübersteht. Die Selbstfinanzierung nimmt zu. Steigt andererseits der Anteil der Ausschüttungsaktien, dann nimmt der Selbstfinanzierungsanteil ab, die Gesellschaft müßte sich bei Eigenkapitalbedarf stärker über allgemeine Aktienemission finanzieren.
Der in der Grundkonzeption überzeugende Vorschlag Strömers dürfte nach der Körperschaftsteuerreform von 1977 im Detail erhebliche technische Schwierigkeiten mit sich bringen, insbesondere im Zusammenhang mit der Aufgliederung des verwendbaren Eigenkapitals in unterschiedlich mit Körperschaftsteuer belastete Eigenkapitalanteile. Er würde zu einer volkswirtschaftlich wenig sinnvollen Aufblähung des Kurszettels an der Börse führen. Die für die institutionelle Umsetzung des Modells notwendigen neuen Verkomplizierungen im Handels- und Steuerrecht bedeuten unseres Erachtens einen gewichtigen Nachteil. Mit der Körperschaftsteuerreform hat sich die Ausgangsgröße für die Entwicklung des Modells entscheidend verschoben. Heute erscheint deshalb auch ein anderer Weg wirtschaftlich vertretbar, auf dem gewährleistet werden kann, daß der Jahresüberschuß entsprechend den Nutzenoptima der Wirtschaftssubjekte verwendet wird, denen dieses Einkommen volkswirtschaftlich zusteht.
Strömer hat seinen Vorschlag zur Emission von zwei verschiedenen Kategorien von Aktien – unabhängig von der Gefahr von Kapitalfehlallokationen bei unternehmensinterner Selbstfinanzierung – vor allem mit den unterschiedlichen Interessenlagen der Aktionäre begründet, die aus voneinander abweichenden Steuerbelastungen resultieren. Ausgehend von einem bestimmten Teil des Gewinns, der in der Unternehmung reinvestiert werden soll, zeigt er, daß die Aktionäre je nach individueller Steuerbelastung entweder die unmittelbare Gewinnthesaurierung oder die Gewinnausschüttung mit anschließender Kapitalerhöhung bevorzugen. Den kritischen Grenzsteuersatz ermittelte er im damaligen Körperschaftsteuersystem mit 31,55 %. Dieser Satz ergab sich unabhängig davon, ob die Anteilswerte im Privat- oder Betriebsvermögen gehalten werden.[51] Das bedeutete, daß nur private Anteilseigner mit einem marginalen Einkommensteuersatz (einschließlich Kirchensteuer) von rd. 31,6 % und mehr aus steuerlichen Gründen an Selbstfinanzierung durch Gewinnthesaurierung interessiert waren. Die Schlußfolgerung Strömers, daß deshalb die

51 Strömer, J., Ausschüttungspolitik und Unternehmenswert von Publikumsgesellschaften, a.a.O., S. 88–90.

Durchsetzung der Interessen der Kleinverdiener bei der Ausschüttungspolitik in dem damaligen Steuersystem durchaus nicht so hoffnungsvoll sei, wie gemeinhin angenommen, hat sich als zu optimistisch herausgestellt.[52]

(2) *Die Anhebung des Steuersatzes auf einbehaltene Gewinne*

Wenn Strömer bereits bei einem kritischen Steuersatz von ca. 31,6 % annahm, daß eine Durchsetzung der Interessen der Kleinaktionäre nicht so hoffnungslos sei, müßte dies heute um so mehr gelten. Der für die Ausschüttungsinteressen der Aktionäre kritische Grenzsteuersatz ist durch die Körperschaftsteuerreform auf 53,8 % angestiegen.[53] Unter dem Gesichtspunkt der auf die Erträge endgültig anfallenden Steuerlast sind seitdem nur noch solche Aktionäre an der unmittelbaren Gewinnthesaurierung interessiert, deren marginale Steuerbelastung (Einkommensteuer und Kirchensteuer) im Bereich von 53,8 % bis zur Spitzenbelastung von 58,11 % liegt. Für diesen Anlegerkreis ist die interne Selbstfinanzierung durch Gewinnthesaurierung auch nach der Steuerreform weiter privilegiert. Gesamtwirtschaftliche Allokationsmechanismen werden insoweit durch die Besteuerung ausgesetzt oder zumindest in ihrer Wirkung eingeschränkt.

Die persönliche Steuerbelastung dürfte bei einer großen und in vielen Fällen sogar bei der überwiegenden Zahl der Aktionäre unterhalb des kritischen Steuersatzes liegen. Wenn dies mehrheitlich Gewinnverwendungsentscheidungen zugunsten einer weitgehenden Ausschüttung der Jahresüberschüsse zur Folge gehabt hätte, brauchte die auch heute noch vorhandene gesamtwirtschaftliche Fehlausrichtung des Körperschaftsteuersystems nicht so stark gewichtet zu werden.[54] Die Steuerreform von 1977 hat dieses Ziel aber nicht erreicht. Neuere empirische Untersuchungen haben in der Vergangenheit keine grundlegende Veränderung im Ausschüttungsverhalten deutscher Publikumsgesellschaften feststellen können.[55] Es werden auch heute noch entgegen den Interessen der großen Zahl von Kleinaktionären wesentliche Teile des Jahresüberschusses von

52 Ebenda, S. 90.
53 Zur Berechnung vgl. S. 89.
54 Schmidt, R., Ausschüttungspolitik der Unternehmen, a.a.O., S. 94.
55 Nach Schafhausen, F., Die Auswirkungen der Körperschaftsteuerreform auf die Finanzierungspolitik der Kapitalgesellschaften, Opladen 1980, S. 327, lassen sich »Anzeichen für ein verstärkt praktiziertes Ausschüttungs-Rückholverfahren . . . nicht beobachten.«

Aktiengesellschaften unmittelbar in die Rücklagen eingestellt, und zwar weit über die gesetzlichen Erfordernisse (§ 150 AktG) hinaus.
Die durch das Steuersystem verursachte Spaltung der Aktionäre in eine an Ausschüttung und eine an Gewinnthesaurierung interessierte Gruppe könnte kurzfristig auf einfache Weise aufgehoben werden, indem der körperschaftsteuerliche Regelsteuersatz für einbehaltene Gewinne weiter angehoben wird. Eine Anhebung auf ca. 60 % würde dazu führen, daß der für die Interessen des Anteilseigners entscheidende kritische Grenzsteuersatz, der die zusätzlichen Emissionskosten beim »Schütt-aus-Hol-Zurück«-Verfahren berücksichtigt, gleich dem Spitzensteuersatz der Einkommensteuer (einschl. Kirchensteuer) wird. Soweit der erwirtschaftete Jahresüberschuß dem Regelsteuersatz unterliegt, müßten dann alle anrechnungsberechtigten Aktionäre an einer vollen Ausschüttung interessiert sein. Bei einer entsprechenden Gewinnverwendungsentscheidung würde der erzielte Jahresüberschuß den Aktionären anteilsgemäß zufließen, und sie könnten nach individuellen Konsum- und Investitionspräferenzen unter Einbeziehung ihrer persönlichen Risikovorstellung über die endgültige Verwendung des Jahresüberschusses entscheiden.
Die Erhöhung des Körperschaftsteuersatzes dürfte nach unserer Ansicht weder ausreichen noch zweckmäßig sein, um die volkswirtschaftlich erwünschte Änderung im Ausschüttungsverhalten der Aktiengesellschaften in Richtung auf eine stärkere Nutzung des »Schütt-aus-Hol-zurück«-Verfahrens spürbar voranzutreiben. Trotz Neuzuweisung der Kompetenzen für die Gewinnverwendungsentscheidung (§ 58 AktG) ist auch nach der Aktienrechtsreform von 1965 der Einfluß des Managements und des Aufsichtsrates so stark geblieben, daß selbst dann noch umfangreiche Rücklagenzuführungen aus dem Jahresüberschuß erwartet werden müssen, wenn dies für sämtliche Aktionäre steuerliche Nachteile mit sich bringt. Dies gilt seit der Mitbestimmungsreform 1976 um so mehr, da die an Gewinnthesaurierung interessierte Arbeitnehmerseite im Aufsichtsrat erheblich an Einfluß gewonnen hat.

(3) *Maßnahmen zur Erschwerung der Gewinnthesaurierung gegen den Willen von Aktionären*

Um die Kapitalallokation wieder stärker dem Urteil des Marktes zu unterwerfen, um Anreize zur Unternehmenskonzentration abzubauen und um die notwendigen Voraussetzungen für eine nachhaltig breitere Streuung des sogenannten Produktivvermögens zu schaffen, müssen neue Wege beschritten werden. Grundlegende aktien- und steuerrechtliche Änderungen sind unumgänglich, um sicherzustellen, daß die Unternehmensergebnisse stärker als bisher den Aktionären zufließen. Die Möglichkeiten zur Einbehaltung von Gewinnen in einer Publikumsaktiengesellschaft durch Bildung umfangreicher Rücklagen gegen den Willen von Aktionären müssen beschnitten werden. Als eine besondere Art des Kapitalanlegerschutzes schlagen wir deshalb vor, für börsennotierte Gesellschaften die volle Ausschüttung des Jahresüberschusses gesetzlich besser abzusichern.[56]

aa) *Beschränkungen bei der Bildung stiller Reserven*

In den veröffentlichten Jahresabschlüssen der Publikumsaktiengesellschaften wird das »tatsächlich« erzielte Jahresergebnis durch Ausnutzung einer Vielzahl von Bilanzierungswahlrechten oder auch durch zwingende Grundsätze ordnungsmäßiger Buchführung oft nicht unwesentlich verschleiert. Der Jahresabschluß gewährt einen möglichst sicheren Einblick in die Vermögens- und Ertragslage der Gesellschaft nur »im Rahmen der Bewertungsvorschriften« (§ 149 AktG). Florierende Unternehmen nutzen den Bilanzierungsspielraum allgemein, um den Jahresüberschuß niedriger auszuweisen, als dem Erfolg der Unternehmung entspricht. Teile der Umsatzerlöse, die betriebswirtschaftlich gesehen Gewinn sind, werden dadurch an die Unternehmung gebunden.
Die Bilanzierungspraxis bringt nicht nur ungerechtfertigte Steuerstundungen, sie mindert gleichzeitig auch das Ausschüttungspotential der Unternehmung. Die Bildung stiller Reserven ist eine besonders gefährliche Form der internen Selbstfinanzierung. Sie schränkt die Aussagekraft von Jahresabschlüssen stark ein und begünstigt, wie die Insolvenzen der Beton- und Monierbau AG und der AEG Telefunken AG gezeigt haben, gravierende Fehlurteile über die wirtschaftliche Lage der Publikumsgesellschaft.
Wenn von einflußreicher Seite als Vorteil stiller Reserven hervorgehoben wird, daß sie dem Aktionär häufig indirekt zugute kämen, entweder über Kurssteigerungen oder indem sie das Unternehmen in die Lage versetzten, Durststrecken besser durchzustehen, so zeigt dies ein verbreitetes Fehlver-

56 Unter einem geringfügig abweichenden Blickwinkel hat von Bethmann vor einigen Jahren einen ähnlichen Vorschlag gemacht. Er will allerdings nur die Ausschüttung von 90 % – in Ausnahmefällen 80 % – des Unternehmensgewinns vorschreiben. Bethmann, J. Ph. Frhr. v., Hohe Gewinnausschüttungen und keine Bezugsrechte, in: FAZ, Nr. 247 vom 2. Nov. 1976, S. 21.

ständnis über die Funktion des Kapitalmarktes.[57] Eine Kapitallenkung in die Unternehmen mit den besten Verwendungsmöglichkeiten wird erschwert, wenn als Entscheidungsbasis für die Kapitalanlage nur weniger aussagekräftige Jahresabschlüsse zur Verfügung stehen. Führt die Bildung stiller Reserven trotzdem zu Kurssteigerungen, so profitieren von dieser Entwicklung vornehmlich Insider und zwar zu Lasten der übrigen Aktionäre. Eine »objektive« Rechnungslegung würde der oft bemängelten Insiderproblematik an einer wesentlichen Stelle die Grundlage entziehen.

Das zweite Argument zugunsten stiller Reserven scheint noch fragwürdiger. Hier steht wieder der Aktionär als unmündiger Kapitalanleger im Vordergrund, der durch das Management patriarchalisch zu beschützen sei. Dem Vorstand soll durch die Aufdeckung stiller Reserven ermöglicht werden, eine schlechte Ertragssituation zu überbrücken und zu verheimlichen. Abgesehen davon, daß bei Aufdeckung stiller Reserven möglicherweise sogar der Unternehmensleitung die Dringlichkeit von Anpassungsmaßnahmen zunächst verborgen bleibt, setzt eine solche Bilanzpolitik zumindest am Kapitalmarkt falsche Signale. Dies hat zwangsläufig Fehlallokationen zur Folge. Benachteiligt wird auch hier wieder vor allem der weniger informierte Kleinaktionär.

Die Möglichkeiten zur organisierten Fehlinformation in Jahresabschlüssen von Publikumsaktiengesellschaften müssen abgebaut werden. Die vorhandenen Ansätze in den Bemühungen innerhalb der Europäischen Gemeinschaften um eine »objektivere« Rechnungslegung sind unvollkommen. Im Gesetzgebungsverfahren zur Transformation der 4. EG-Richtlinie hat die Forderung nach steuerneutraler Umsetzung stark an Oberhand gewonnen, mit der Folge, daß weiterhin wesentliche Teile des Gewinns nicht ausgewiesen zu werden brauchen und ohne Berücksichtigung der Unternehmenseigner in der Unternehmung gebunden bleiben. Hier sind weitergehende Reformen in den Rechnungslegungsvorschriften notwendig, durch die die Möglichkeiten zu bewußten Unterbewertungen

57 Daß die Substanzanreicherung letztlich den Aktionären zugute kommt, wird von Unternehmensseite regelmäßig zur Rechtfertigung der Thesaurierungspolitik hervorgehoben. Vgl. zum Beispiel Närger, H., Finanzanlagen auf dem Holzweg, in: Handelsblatt Report zum Aktienforum '82, vom 22. Oktober 1982, S. 26–29.
Wenn tatsächlich der Substanzwert vieler Aktiengesellschaften wesentlich über ihrem Kurswert liegt, kann diese These nicht aufrecht erhalten werden. Es käme darin zum Ausdruck, daß die Substanz nicht mit dem besten wirtschaftlichen Ergebnis verwendet wird, was sich im Kursabschlag niederschlägt. Vgl. Engels, W., Industriefinanzierung im Wandel, unveröffentlichtes Manuskript, S. 5.

von Aktiva oder Überbewertungen von Passiva mit willkürlichen Schmälerungen des ausgewiesenen Gewinns eingeschränkt werden. Es sind Verbesserungen möglich, ohne daß auf den Grundsatz einer vorsichtigen Bewertung am unteren Rand der Bewertungsskala verzichtet zu werden braucht. Neben der Beseitigung steuerlicher Anreize zur Unterbewertung[58] ist insbesondere bei der Beteiligungsbewertung eine Anpassung an die angelsächsischen Bewertungsmethoden notwendig. Dadurch würde die Aussagekraft der Jahresabschlüsse großer Publikumsaktiengesellschaften wesentlich verbessert.

bb) *Kodifizierung des Grundsatzes der Vollausschüttung im Aktiengesetz*

Ein wirklichkeitsnäherer Ausweis der von Publikumsgesellschaften erzielten Jahresergebnisse reicht allein nicht aus, um neue Anlegerkreise für den Erwerb von Unternehmensanteilen zu gewinnen. Wenn die Aktie als Finanzierungsinstrument wiederbelebt werden soll, muß gleichzeitig gewährleistet werden, daß die Gewinne ungeschmälert dem Aktionär zufließen. Dazu muß die Vorschrift nach § 58 AktG, daß 50 % des Jahresüberschusses ohne Einwilligung der Aktionäre im Unternehmen zurückbehalten werden können, aufgehoben werden.
Dies allein führt noch nicht zu einer vollen Ausschüttung des Jahresüberschusses. Denn es besteht keine Gewähr dafür, daß die Mehrheit der Hauptversammlung ausschüttungsfreundlicher entscheidet als Vorstand und Aufsichtsrat, die von ihr mindestens mehrheitlich bestellt worden sind.
Es ist sogar denkbar, daß bei einer Gesellschaft mit einer kleinen Zahl von Aktionären in der Hauptversammlung Einstimmigkeit darüber herbeigeführt werden kann, daß der Gewinn in einem bestimmten Umfang thesauriert wird. Die Möglichkeit einstimmiger Entscheidungen kann deswegen als Ausnahmeregelung zulässig bleiben.
Bei Aktiengesellschaften, deren Aktien öffentlich gehandelt werden, ist

58 Vgl. S. 36 f. Auch Albach betont die von steuerlichen Abschreibungsvergünstigungen und dem damit verbundenen »Zwang zur Selbstfinanzierung« ausgehende Gefahr eines zu geringen Gewinnausweises, der die Möglichkeiten zur Beschaffung zusätzlichen Risikokapitals von außen einschränke. Vgl. Albach, H., Zur Versorgung der deutschen Wirtschaft mit Risikokapital, a.a.O., S. 122 f. sowie ders., Der Mittelstand muß neue Wege in der Beschaffung von Risikokapital gehen, in: Handelsblatt, Nr. 73 vom 11. April 1984.

jedoch ein Ausschüttungszwang vorzusehen, weil hier ein einheitliches Interesse an Gewinnthesaurierung nicht zu erwarten ist.
Die zugunsten der Erhaltung einer weitreichenden Unabhängigkeit der Unternehmensverwaltungen bei der Entscheidung über die Verwendung des Jahresüberschusses vorgetragenen Argumente, die zu den in § 58 AktG festgelegten Kompetenzzuweisungen geführt haben, überzeugen nicht. Sie gehen von der betriebswirtschaftlich falschen und gesamtwirtschaftlich gefährlichen These aus, daß Unternehmen weder kurzfristig noch auf Dauer ohne ein Mindestmaß an Selbstfinanzierung existieren könnten, und folgern implizit, daß diese Selbstfinanzierung nur durch Rücklagenbildung über die Thesaurierung von Gewinnen gewährleistet sei.[59] Da die Unternehmensleitung am besten wisse, in welchem Umfang die Unternehmung Rücklagen benötige, wird abgelehnt, die Entscheidung über die Verwendung des Jahresüberschusses allein der Hauptversammlung zu überlassen. Ausgehend von einem bestimmten, feststehenden Rücklagenbedarf wird als »Gefahr« herausgestellt, daß die Gewinnverwendungsentscheidung durch die Hauptversammlung je nach Zusammensetzung der Aktionäre unterschiedlich ausfällt. Es könne bei Gesellschaften mit breit gestreuten Aktien ». . . nicht sicher damit gerechnet werden, daß die Verwaltung zur Verfügung über einen ausreichenden Teil des Jahresüberschusses ermächtigt wird.«[60]
Diesen Vorstellungen liegt die Ansicht zugrunde, daß Aktionäre nicht in der Lage seien, ihren eigenen Vorteil ausreichend zu erkennen, der darin liegt, das ihnen gehörende Unternehmen nicht zu schädigen. Nun ist es zwar nicht wahrscheinlich, aber immerhin möglich, daß die in einem be-

59 Biedenkopf, K. H./Claussen, C. P. u. a., Kölner Kommentar zum Aktiengesetz, a.a.O., § 58 Anm. 3c. Wissenschaftlich begründet wird diese unter Betriebswirten verbreitete Auffassung durch die Theorie der Substanzerhaltung, wobei die Vorstellung der unbegrenzt lebenden und wachsenden Unternehmung Pate gestanden haben dürfte. Schneider formuliert eindeutig: »Das Minimum an Selbstfinanzierung (ist) jener Teil des buchhalterischen Gewinns, der nicht ausgeschüttet werden darf, soll die wirtschaftliche Leistungsfähigkeit der Unternehmung gesichert bleiben«. (Schneider, D., Ausschüttungsfähiger Gewinn und das Minimum an Selbstfinanzierung, in: Zeitschrift für betriebswirtschaftliche Forschung, 20. Jg. (1968), S. 1–29 (28). Daß die genannten Kriterien als Grundlage für Gewinneinbehaltungsentscheidungen ungeeignet sind, ist bereits durch Strömer gezeigt worden (Strömer, J., Ausschüttungspolitik und Unternehmenswert von Publikumsgesellschaften, a.a.O., S. 23–26). Dynamische Marktprozesse, die auch im Nachwachsen und Ausscheiden von Unternehmen zum Ausdruck kommen, bleiben unberücksichtigt.

60 Deutscher Bundestag, Schriftlicher Bericht des Rechtsausschusses über die von der Bundesregierung eingebrachten Entwürfe a) eines Aktiengesetzes, b) eines Einführungsgesetzes zum Aktiengesetz, BT-Drucksache IV/171, nach Kropff, B., Aktiengesetz, Düsseldorf 1965, S. 76 f.

stimmten Augenblick in einer Aktiengesellschaft beteiligten Aktionäre geringere Informationen über ihre Gesellschaft haben, als sie etwa gleichzeitig an Kenntnissen über politische Parteien besitzen, über die sie bei politischen Wahlen urteilen (Dort hat noch niemand für Abschaffung von Wahlen wegen Informationsmängel plädiert). Es ist aber so gut wie völlig ausgeschlossen, daß bei einer Fehlentscheidung der jetzigen Aktionärsmehrheit über die Verwendung des Gewinns, d. h. bei einer Unterschätzung der Rentabilität vom Vorstand aus Gewinnen zu finanzierender Investitionen, nicht genügend informierte Neuaktionäre oder Fremdkapitalgläubiger gefunden werden können. Sie würden der Unternehmung das Kapital zuführen, das eine augenblicklich schlecht informierte Aktionärsmehrheit eventuell verweigert.
Im Unterschied zum politischen Wettbewerb enthält der Wettbewerb der Kapitalanleger ein starkes Element einer Auslese des für die Gesamtinteressen am rationellsten Handelnden. Der Vorstand einer Aktiengesellschaft muß lediglich genügend Spielraum erhalten, um sich an informierte Aktionäre (durch Neuemissionen von Aktien) wenden zu können, wenn ihm die vielleicht uninformierten Altaktionäre die Kapitalzufuhr verweigern. Informierte Aktionäre oder Außenstehende werden im übrigen den falsch informierten Aktionären ihre Aktien abkaufen und dadurch in der Hauptversammlung die Mehrheiten herstellen, die ein leistungsfähiger Vorstand braucht. Dies setzt voraus, daß der Markt für Aktien wiederbelebt, der Rückzug der Aktie in den immobilen Paketbesitz beendet und in sein Gegenteil umgewandelt wird. Die Verfestigung des Aktienbesitzes in großen und nicht dem Plebiszit der Börse unterworfenen Paketen bedeutet nicht zuletzt, daß die Kapitalverwendung dem Informationswettbewerb der Anleger zugunsten monarchischer Meinungsbildungsprozesse entzogen wird.
Die vor allem von Juristen vorgetragene Gedankenkette zugunsten einer Teilentmündigung des Aktionärs bei der Gewinnverwendung unterstellt eine faktische Selbständigkeit der Aktiengesellschaft. Man geht davon aus, daß die Unternehmung, losgelöst von ihren Anteilseignern, eigene Interessen verfolgt.[61] Das ursprüngliche Grundkonzept der Aktiengesellschaft geht in dieser Gedankenwelt verloren. Soll die Aktie popularisiert werden, muß die Erkenntnis geweckt werden, daß die Aktiengesellschaft

61 Stützel spricht in diesem Zusammenhang von der »konservativen Theorie der Aktiengesellschaft«.
Vgl. Jahr, G./Stützel, W., Rentenempfänger oder Gesellschafter, in: Der Volkswirt, 17. Jg. (1963), S. 1248-1251.

als eine zweckmäßige Organisationsform entwickelt wurde für den Zusammenschluß einer großen Zahl von Kapitalgebern zur Verfolgung eines bestimmten gemeinsamen Unternehmensziels. Auf unmittelbare Unternehmerentscheidungen im Bereich des täglichen Wirtschaftens verzichten die Aktionäre und delegieren diese Aufgabe an Vorstand und Aufsichtsrat. Das bedeutet aber nicht, daß sie keine eigenen Ziele im Unternehmen verfolgen und das Recht abgetreten haben, über die Verwendung des Gewinns zu bestimmen, der ihnen zuzurechnen ist.[62]

Die Aktionäre haben eine bestimmte Kapitalsumme aufgebracht. Die Gesellschafterleistung ist im Regelfall mit der Einzahlung der übernommenen Einlage erfüllt. Eine Verpflichtung, in Folgeperioden weitere Beträge aus dem ihnen zustehenden Einkommen aufzubringen oder das Gesellschaftsvermögen aufzustocken, besteht im Grundsatz nicht. Wenn den Eigenkapitalgebern trotzdem später, und zwar entgegen ihrem Willen, die Verfügung über die mit diesem Kapital erwirtschafteten Erträge entzogen wird,[63] kommt dies zumindest wirtschaftlich einer Enteignung gleich. Die derzeitige Regelung des § 58 AktG legt eine solche Verhaltensweise geradezu nahe und dürfte deshalb wesentlich zur geringen Attraktivität der Aktie beitragen.[64]

Hiergegen kann nicht eingewandt werden, der heutige Aktionär kenne ja das geltende Aktienrecht und unterwerfe sich mit dem Erwerb der Aktie freiwillig der Thesaurierungspflicht, die ihm das Aktiengesetz auferlegt. Eine derartige nur juristische Argumentation übersieht, daß eben wegen dieser Entmündigung und der vertraglich-gesetzlich fixierten Quasi-Enteignung des Aktionärs die Aktiengesellschaft als Institution notleidend geworden ist. Auf so ungünstige Rechtsverhältnisse, wie sie dem Aktionär zugemutet werden, lassen sich eben nicht mehr genügend Anleger ein, wenn ihnen vorteilhaftere Möglichkeiten offenstehen. Die gesamtwirtschaftlichen Folgen sind nicht mehr zu übersehen.

62 Bei der Abrechnung von Gewinnbeteiligungsansprüchen von Arbeitnehmern steht außer Diskussion, daß die Ansprüche vor Rücklagenzuführungen abgerechnet werden. Auch den Arbeitnehmern könnte ein Ausschüttungsanspruch durch gesetzlich zugelassenes Selbstfinanzierungsdiktat des Vorstands vorenthalten werden.

63 Zwar kommt auch die Rücklagenzuführung den Aktionären zugute; sie müßte sich auf lange Frist im Aktienkurs niederschlagen. Die Vergangenheit hat aber gezeigt, daß der Zusammenhang nur schwach ist (vgl. Fn. 57 auf Seite 111).

64 Das Recht des Managements, bis zu 50 % des Jahresüberschusses in die Rücklagen einzustellen und damit einer Verwendungsentscheidung durch die Hauptversammlung zu entziehen, ist zwingendes Recht und kann zu keinem Zeitpunkt durch die Satzung eingeschränkt werden. Vgl. Biedenkopf, K. H./Claussen, C. P. u. a., Kölner Kommentar zum Aktiengesetz, a.a.O., § 58 Anm. 22.

Von der Unternehmensverwaltung gegen den Willen der Gesamtheit aller Aktionäre oder auch nur gegen den Willen einzelner Aktionäre vorgenommene Rücklagenzuführungen verstoßen nicht nur gegen einzelwirtschaftliche Eigentumsinteressen, indem sie dem Aktionär erwirtschaftete Erträge vorenthalten und ihn praktisch zu einer Einlagenerhöhung zwingen, also seine Haftsumme erhöhen. Sie verletzen, wie gezeigt wurde, auch gesamtwirtschaftliche Ziele. Die Begründung der Aktienrechtsreform 1965 zeigt hier ein tiefgehendes Unverständnis über marktwirtschaftliche Allokationsmechanismen. Wenn die Entscheidung über die Verwendung des Jahresüberschusses deshalb nicht allein der Hauptversammlung übertragen werden kann, weil sie möglicherweise in geringerem oder in »nicht ausreichendem« Umfang Kapital den Rücklagen zuführe, so bedeutet dies implizit, daß man befürchtet, die erwirtschafteten Gewinne würden, gelangten sie auf den freien Kapitalmarkt, nicht mehr in die Unternehmung zurückfließen. Die bestehende gesetzliche Regelung verhindert damit eine Kapitallenkung in die Bereiche höchster Dringlichkeit zugunsten einer von Jahr zu Jahr zunehmenden Kapitalakkumulation in den etablierten, oft ohnehin bereits finanzkräftigen und auch marktmächtigen Unternehmen.
Ein genereller Ausschüttungszwang, wie wir ihn bei Gesellschaften, deren Aktien öffentlich gehandelt werden, für erforderlich halten, dient dem Schutz des Eigentums der Aktionäre und würde volkswirtschaftlichen Allokationsmechanismen wieder Geltung verschaffen. Erwirtschaftete und an die Aktionäre ausgeschüttete Gewinne werden nur insoweit wieder in der ausschüttenden Unternehmung angelegt werden, als die in der Unternehmung erzielbare Kapitalrendite gegenüber alternativen Verwendungsmöglichkeiten hinreichend attraktiv ist. Jede darüber hinausgehende Kapitalaufstockung wäre eine gesamtwirtschaftliche Fehlinvestition. Es darf deshalb nicht als eine Aufgabe des Gesetzgebers angesehen werden, die Kapitalzufuhr zu den etablierten Aktiengesellschaften zusätzlich abzusichern, nur um deren Bestand am Markt zu sichern. In Zeiten eines hohen gesamtwirtschaftlichen Kapitalbedarfs kommt es vielmehr darauf an, die knappen Ressourcen in die effizientesten Verwendungen zu lenken.
Jede Begünstigung der Kapitalansammlung in den etablierten Unternehmen entgegen dem Willen ihrer Kapitalgeber (Aktionäre) diskriminiert potentielle Newcomer bei der Kapitalbeschaffung und verhindert damit für die wirtschaftliche Entwicklung wichtige Wettbewerbsimpulse, die von einer größeren Zahl dynamischer Pionierunternehmer ausgehen würden.

cc) *Abbau künstlich geschaffener Hemmnisse beim »Schütt aus-Hol zurück«-Verfahren*

Emissionskosten

Die Festschreibung des Grundsatzes der Vollausschüttung im Aktiengesetz gelingt nur dann als eine in sich geschlossene Politik, wenn gleichzeitig die Hindernisse beseitigt werden, die die Ausschüttung heute übermäßig belasten. Die Kapitalerhöhung durch Emission neuer Aktien ist für Unternehmen nur zumutbar, wenn die zum Teil künstlich erhöhten Kosten der Aktienemission gemindert werden. Die Aufhebung des steuerlichen Abzugsverbots der Emissionskosten war ein erster Schritt in diese Richtung. Neben einer Überprüfung der Erfordernisse für die Aktienemission ist der Gesetzgeber zu aktiven Maßnahmen zur Belebung des Wettbewerbs im Emissionsgeschäft aufgerufen. Konkrete Vorschläge hierzu sind in einem früheren Abschnitt diskutiert worden.[65] Darüber hinaus muß die Abschaffung der wirtschaftspolitisch in jeder Hinsicht fragwürdigen Gesellschaftsteuer nun endgültig durchgesetzt werden. Es ist nicht einzusehen, weshalb die EG-Partner eine Änderung der entgegenstehenden EG-Richtlinien ernstlich verweigern sollten, wenn dies von deutscher Seite mit dem nötigen Nachdruck gefordert wird.
Eine Annäherung der betriebswirtschaftlichen an die sozialen Emissionskosten reicht für sich allein nicht aus, die bei einer verstärkten Nutzung des »Schütt aus-Hol zurück«-Verfahrens in der Unternehmung anfallenden zusätzlichen Belastungen zu vermeiden. Sehr viel einschneidendere Belastungen resultieren aus der »Strafsteuer« für bestimmte Ausschüttungen, die wegen Inkonsequenzen im Anrechnungsverfahren auch mit der Körperschaftsteuerreform von 1977 nicht beseitigt worden ist.

Ausschüttungsstrafsteuer für Ausländer

Hier wäre zunächst auf den Kreis der nicht anrechnungsberechtigten Personen zu verweisen, also vor allem ausländische Aktionäre. Von ihnen in Deutschland erzielte Dividendenerträge werden seit der Körperschaftsteuerreform sogar in verschärftem Umfang doppelt belastet; sie unterliegen zum einen der erhöhten deutschen Körperschaftsteuer (zuzüglich Kapitalertragsteuer) und zusätzlich – soweit in Doppelbesteuerungsabkommen keine Sonderregelungen enthalten sind – der Ertragsbesteuerung im

65 Vgl. S. 50–68.

Ausland.[66] Eine Herabsetzung des Kapitalertragsteuersatzes von 25 % auf 15 %, die als Möglichkeit zur Entlastung ausländischer Anteilseigner diskutiert wird, würde die seit 1977 höhere Besteuerung wieder abschwächen; das Problem der Doppelbesteuerung ausländischer Streubesitzer deutscher Aktien bliebe aber im Grundsatz unverändert bestehen. Ausländische Anteilseigner sind deshalb, soweit die Erträge in der Unternehmung reinvestiert werden sollen, an der unmittelbaren Gewinnthesaurierung interessiert und stehen damit in Widerspruch zu der überwiegenden Zahl inländischer Aktionäre.

Bei einer Beseitigung der Doppelbesteuerung ausländischer Aktionäre durch einseitige nationale Maßnahmen der Bundesrepublik Deutschland, etwa indem auch über die Grenzen Anrechnung gewährt wird, würde die Bundesrepublik entgegen allen internationalen Usancen Gefahr laufen, als Ursprungsland des Gewinns steuerlich völlig leer auszugehen.[67] Eine solche Lösung setzt »Gegenseitigkeit« voraus, die aber derzeit keine Realisierungschance hat, nicht zuletzt weil das deutsche Vollanrechnungsverfahren bei der Körperschaftsteuer auf den ausgeschütteten Gewinn nicht internationaler Standard bei der Besteuerung von Körperschaften ist. Auch innerhalb der Europäischen Gemeinschaften bestehen unterschiedliche Besteuerungssysteme, die eine Beseitigung der »Steuergrenzen« bei der Körperschaftsbesteuerung erschweren.[68] Es bleibt aber zu hoffen, daß die Begünstigung der Gewinnthesaurierung für ausländische Anteilseigner im Rahmen bilateraler Verhandlungen beseitigt werden kann.

Ausschüttungsstrafsteuer auf in der Unternehmung steuerfreie Teile des Gewinns

Ein weiterer, und unseres Erachtens entscheidender Steuerstrafeffekt trifft inländische und ausländische Aktionäre in gleichem Umfang. Hier liegt es allein in der Hand des deutschen Fiskus, die zentralen wirtschaftspolitischen Zielvorstellungen entgegenstehende Diskriminierung von Gewinnausschüttungen aufzuheben.

66 Vgl. auch Ritter, W., Xenophobie des Fiskus, in: Handelsblatt Report zum Aktienforum '82, vom 22. Oktober 1982, S. 64–67 (66).

67 Ritter, W., Xenophobie des Fiskus, a.a.O., S. 66.

68 Die Zahl der Länder mit Teilanrechnungsverfahren auf den ausgeschütteten Gewinn überwiegt, weshalb häufig davon ausgegangen wird, daß dieses Verfahren in einer Harmonisierungsrichtlinie der EG vorgeschrieben werden sollte. Wie hoch auch immer der Anrechnungsprozentsatz angesetzt werden mag, gegenüber dem deutschen Vollanrechnungsverfahren wäre dies ein Rückschritt zur Philosophie des »Unternehmens an sich«, deren gesamtwirtschaftlich negative Folgen bereits dargestellt wurden.

Mit der Körperschaftsteuerreform 1977 wurde die Konzeption vom »Unternehmen an sich« grundsätzlich beibehalten. Körperschaften werden weiterhin als gesondert zu besteuerndes Steuerobjekt behandelt. Dadurch konnte die Neutralität der Ertragsteuern gegenüber Kapitalgesellschaften nicht in vollem Umfang erreicht werden. Zwar werden seit 1977 im Grundsatz die von der Gesellschaft entrichteten Körperschaftsteuern auf den ausgeschütteten Gewinn bei der Einkommensteuer der Gesellschafter in vollem Umfang angerechnet,[69] so daß in der Gesellschaft mit 56 % besteuerte Gewinne bei Ausschüttung auch für Steuerpflichtige mit dem höchsten Steuersatz kaum mehr zusätzlich belastet werden. Genau hier liegt aber auch die Grenze des Anrechnungsverfahrens. Sind die in der Unternehmung erzielten Gewinne aus welchen Gründen auch immer, steuerlich begünstigt, so wird die steuerliche Vergünstigung im heutigen System in dem Moment rückgängig gemacht, in dem die begünstigten Gewinne an die Anteilseigner ausgeschüttet werden.

Erzielt eine inländische Kapitalgesellschaft zum Beispiel Gewinne in einer ausländischen Betriebsstätte oder Dividendenerträge aus der Beteiligung an einer ausländischen Kapitalgesellschaft, die nach Doppelbesteuerungsabkommen von der inländischen Besteuerung freigestellt sind, so greift die Freistellung nur, soweit diese Erträge in der Unternehmung thesauriert werden. Im Falle der Ausschüttung an die Anteilseigner ist die »Ausschüttungsbelastung« (§ 27 Abs. 1 KStG) herzustellen. Die auf der Ebene der Unternehmung zunächst steuerfrei erzielten Einnahmen werden

69 Von der Anrechnung ist aber ausgenommen die sogenannte Definitivsteuer, das ist der Teil der Körperschaftsteuer, der auf nicht abzugsfähige Ausgaben der Kapitalgesellschaft erhoben wird, also vor allem Aufwendungen im Sinne von § 10 KStG und § 4 Abs. 5 EStG.
Technisch funktioniert die volle Anrechnung im Ergebnis so, daß im Ausschüttungsfall die bisher von der Gesellschaft entrichtete Körperschaftsteuer so korrigiert wird, daß die ausgeschütteten Beträge mit 36 % belastet sind. Soweit ursprünglich 56 % abgeführt worden sind, ergibt sich in Höhe der Differenz (20 Prozentpunkte) ein Körperschaftsteuerminderungsbetrag, der der Unternehmung erstattet wird. Liegt die Ursprungsbelastung bei null Prozent (steuerfreie Auslandsgewinne), muß bei Ausschüttung die Ausschüttungsbelastung von 36 % hergestellt werden; die Gesellschaft muß also Körperschaftsteuer nachentrichten (»Ausschüttungsstrafsteuer«). Beim Gesellschafter sind immer 36 % anrechnungsfähig:

	steuerpflichtiges Einkommen	100
./.	anrechenbare Körperschaftsteuer	36
	Bruttodividende	64
./.	bei Ausschüttung einzubehaltende Kapitalertragsteuer (25 % der Bruttodividende)	16
	Auszahlungsbetrag	48

bei Ausschüttung an die Gesellschafter in vollem Umfang der individuellen Einkommensbesteuerung unterworfen. Die Steuerbelastung von ursprünglich null Prozent erhöht sich folglich bei Ausschüttung je nach Einkommenssituation der Gesellschafter auf eine Belastung von bis zu 58,11 % (Einkommensteuer einschl. Kirchensteuer). Dazu käme noch die Gewerbesteuer, wenn die Anteile in einem Betriebsvermögen gehalten werden. Der Sinn dieser Regelung ist nicht einzusehen. Entweder ist die Steuerbefreiung bestimmter von der Kapitalgesellschaft erzielter Einkommensteile nicht gerechtfertigt, dann sollte sie nicht gewährt werden. Oder sie ist als gerechtfertigt anzusehen; dann ist nicht erkennbar, weshalb sie mit einer *Ausschüttungsstrafsteuer* belegt wird.

Angesichts der erheblichen Strafsteuer auf bestimmte Ausschüttungen von bis zu 58,11 % kann nicht die Rede davon sein, daß eine Vollausschüttung der Gewinne heute für alle Aktionäre günstiger sei als die Einbehaltung.[70] Die These »Gewinneinbehaltung ist stets Steuerverschwendung«[71] trifft nicht zu und kann auch nicht unter dem Gesichtspunkt akzeptiert werden, daß jede These Vereinfachungen mit sich bringt und Ausnahmen nicht in vollem Umfang berücksichtigt. Es ist nämlich im derzeitigen Steuersystem keine Ausnahmesituation, wenn eine Stärkung der Eigenkapitalsbasis über die unmittelbare Gewinnthesaurierung steuerlich wesentlich geringer belastet wird als über das »Schütt aus-Hol zurück«-Verfahren. Es kann davon ausgegangen werden, daß erhebliche Teile der Aktien deutscher Publikumsgesellschaften in der Hand ausländischer Anteilseigner liegen, und zwar auch in ausländischem Streubesitz.[72] Soweit die erwirtschafteten Erträge in der Unternehmung reinvestiert werden sollen, sind diese Aktionäre, wie gezeigt wurde, an Rücklagenzuführungen aus dem Jahresüberschuß interessiert. Das gleiche gilt für den Teil des Jahresüberschusses, der in der Unternehmung nicht der Körperschaftsteuer unterliegt, also vor allem im Inland steuerfreie Auslandsgewinne, aber auch steuerfreie Investitionszulagen und andere nicht der Ertragsbesteuerung unterliegende Einnahmen wie etwa Zinsen für bestimmte festverzinsliche Wertpapiere.[73] Unter dem Gesichtspunkt der Steuervermei-

70 Engels, W., Die Aktie muß wiederentdeckt werden, a.a.O., S. 13.

71 Ebenda.

72 Nach einer Erhebung über die Aktionärsstruktur der Siemens AG lebten zum Stichtag (15. Okt. 1982) 51 000 Siemens-Aktionäre im Ausland. Sie halten 30,5 % des Aktienkapitals. Siemens AG, Aktionärsstruktur der Siemens AG, a.a.O., Januar 1983.

73 Die seit 1983 erstmals erhobene Investitionshilfeabgabe führte im Regelfall auch zu einer Begünstigung der Gewinnthesaurierung, und zwar dann, wenn sie mit betrieblichen Investitionen verrechnet werden konnte. Für den Aktionär blieben die Investitionen der Unternehmung, an der er beteiligt war, unberücksichtigt.

dung ist insoweit in jedem Fall die Thesaurierung angebracht; gesamtwirtschaftliche Allokationsmechanismen bleiben dabei auf der Strecke.
Die in der Unternehmung nicht mit Körperschaftsteuer belasteten, bei Ausschüttung auf Gesellschafterebene aber der Besteuerung unterliegenden Einkommensteile dürften bei den multinational tätigen deutschen Publikumsaktiengesellschaften erheblich sein. Das Auslandsgeschäft, das wesentliche Grundlage für im Inland steuerfreie Einnahmen ist,[74] beziffert die Deutsche Bank AG dem Volumen und dem Ertrag nach mit 35 % bis 49 % ihrer gesamten Geschäftstätigkeit.[75] Bei der Siemens AG macht der Auslandsumsatz sogar rund 55 % vom Gesamtumsatz aus.[76] Diese Zahlen können zwar nicht ohne weiteres für sämtliche Publikumsaktiengesellschaften verallgemeinert werden. Der Schluß liegt aber nahe, daß nicht unwesentliche Teile des Jahresüberschusses von Publikumsgesellschaften auf Gesellschaftsebene steuerfrei bleiben. Ihre Ausschüttung wird im bestehenden Körperschaftsteuersystem durch eine »Ausschüttungsstrafsteuer« verhindert. Der Ansicht des Bundeswirtschaftsministers, daß im Körperschaftsteuerbereich nur noch ein beschränkter Handlungsbedarf bestehe, ist deshalb nicht zu folgen.[77] Nicht nur bei der Besteuerung ausländischer Anteilseigner sind Reformen notwendig. Die Einführung des körperschaftsteuerlichen Anrechnungsverfahrens war zwar ein wichtiger Schritt in die richtige Richtung, man ist aber auf halbem Wege stehen geblieben. Ein wirklicher Abbau der Diskriminierung der Aktiengesellschaft erfordert auch die konsequente Fortführung der Körperschaftsteuerreform von 1977. Das bedeutet, daß die Aktiengesellschaft wieder ausschließlich als Hilfsinstrument zur Verfolgung eines gemeinsamen Ziels der Gesellschafter verstanden wird.
Das Besteuerungsverfahren für Kapitalgesellschaften sollte deshalb so geändert werden, daß das steuerliche Einkommen von Kapitalgesellschaften unter Aufrechterhaltung eventueller steuerlicher Begünstigungen in vollem Umfang den jeweiligen Anteilseignern zugerechnet wird. Die von der Gesellschaft entrichtete Körperschaftsteuer muß dann analog voll auf die

74 Nur der durch Doppelbesteuerungsabkommen freigestellte Teil der Auslandserträge bleibt im Inland unbelastet. Das sind vor allem die Gewinne, die in ausländischen Betriebsstätten oder ausländischen Tochtergesellschaften erzielt werden.

75 O. V., Die Deutsche Bank hat ihre Stellung entscheidend verbessert, in: FAZ, Nr. 76 vom 31. März 1983, S. 15.

76 Siemens AG, Bericht über das Geschäftsjahr vom 1. Oktober 1981 bis 30. September 1982, a.a.O., S. 5.

77 Graf Lambsdorff, O., Die Bedeutung der Aktie als Finanzierungsinstrument für die Wirtschaft, a.a.O., S. 14.

persönliche Einkommensteuer angerechnet werden, und zwar auch, soweit sie auf den nicht ausgeschütteten Gewinn entfällt.[78] Eine solche Änderung scheint auf den ersten Blick dem Interesse an Ausschüttungen zu widersprechen, erhöht aber den Nettoertrag, den die Aktie insbesondere für den Kleinaktionär abwirft, im Vergleich zu anderen Anlageformen und beseitigt die Ausschüttungsstrafsteuer, wenn steuerliche Gewinnbegünstigungen voll auf Gesellschaftsebene weitergegeben werden.

Neben der Erweiterung der Anrechnung von Körperschaftsteuer zu einem Vollanrechnungsverfahren muß auch bei Kapitalgesellschaften eine Risikobeteiligung des Fiskus bei der Besteuerung in gleichem Umfang möglich werden wie bei Personalgesellschaften. Es muß die Möglichkeit eingeräumt werden, daß auch in Kapitalgesellschaften entstandene Verluste den Anteilseignern unmittelbar zugerechnet werden. Nur so wird die fiskalische Risikobeteiligung für den potentiellen Anteilseigner direkt spürbar.[79]

Die vorgeschlagene Änderungen in der Besteuerung von Körperschaften entsprechen im Ergebnis dem von Engels und Stützel entwickelten Teilhabersteuersystem. Bei der Reform der Körperschaftsteuer wurde es als Alternativmodell diskutiert und schließlich wegen verwaltungstechnischer Schwierigkeiten abgelehnt. Sollte die Einführung der Teilhabersteuer auch heute noch trotz weitreichender Fortschritte in der elektronischen Datenverarbeitung wegen technischer Schwierigkeiten scheitern, so muß das derzeitige Anrechnungsverfahren zumindest so perfektioniert werden, daß Ausschüttungen nicht mehr durch Sonderbelastungen diskriminiert werden. Die damalige Bundesregierung hat zur Begründung des auf den ausgeschütteten Gewinn eingeschränkten Anrechnungsverfahrens vorgetragen, daß die selbständige Besteuerung des Einkommens der Kapitalgesellschaften es ausschließe, Tatsachen, die die Höhe der Körperschaftsteuer beeinflussen, so zu berücksichtigen, als gäbe es die Kapitalgesellschaft nicht.[80] Dieser Überlegung fehlt jede sachliche Rechtfertigung. Auch der Hinweis auf fiskalische Aspekte ist wenig überzeugend angesichts der Tatsache, daß die Körperschaftsteuerreform von 1977 sich ent-

78 Entgegenlaufende Bestrebungen der EG, die sogar die geltende Anrechnung der Steuer auf den ausgeschütteten Gewinn abschwächen wollen, sollten von der Bundesregierung mit Nachdruck bekämpft werden.

79 Ein unternehmensinterner Gewinn- und Verlustausgleich ist hierfür kein Ersatz, weil er einseitig große, etablierte und diversifizierte Konzerne begünstigt, also nicht strukturneutral ist, und den Aktionären oft keine spürbaren Vorteile bringt.

80 Deutscher Bundestag, BT-Drucksache 7/1470 vom 8. Jan. 1974, S. 332.

gegen vielen Erwartungen als wahrer Segen für den Fiskus herausgestellt hat.[81]

Um gesamtwirtschaftlichen Zielvorgaben näherzukommen und wirksame steuerliche Schranken für das »Schütt aus-Hol zurück«-Verfahren zu beseitigen, könnte als eine Art second-best Lösung zum Teilhabersteuersystem das von der Steuerreformkommission entwickelte Körperschaftsteuersystem übernommen werden. Die Reformkommission, die im Grundsatz auch betont hat, daß der Unternehmensgewinn nach den individuellen Einkommensverhältnissen der Anteilseigner besteuert werden sollte, hat aus technischen Gründen eine Art Zwischensystem vorgeschlagen. Der wesentliche und wirtschaftspolitisch entscheidende Unterschied zum derzeitigen Anrechnungsverfahren liegt darin, daß Einnahmen, die in einer Kapitalgesellschaft nicht mit inländischen Ertragsteuern belastet werden, im Falle der Ausschüttung steuerfrei durch die Gesellschaft durchgeleitet werden können und auch bei den Anteilseignern steuerfrei bleiben.[82] Erst mit einer solchen Änderung in der Körperschaftsbesteuerung wäre das in der Gesetzesbegründung vorgegebene Ziel einer gleichen Belastung ausgeschütteter und einbehaltener Gewinne[83] tatsächlich erreicht und ein weiterer Schritt in Richtung auf die Rechtsformneutralität der Besteuerung vollzogen.

81 Vgl. Röller, W., Nur der Fiskus profitierte von der Steuerreform, a.a.O., S. 22–25.
82 Unüberwindbare technische Hindernisse dürften einer solchen Zwischenlösung, die gegenüber dem heutigen System wesentliche gesamtwirtschaftliche Vorteile bringt, heute nicht mehr engegenstehen. Es ist ein bereits seit Jahren bei Ausschüttungen von Investmentgesellschaften angewandtes Verfahren, zwischen steuerfreien und steuerpflichtigen Teilen der Ausschüttung zu unterscheiden.
83 Deutscher Bundestag, BT-Drucksache 7/1470 vom 8. Jan. 1974, S. 327.

IV. Zusammenfassung der vorgeschlagenen Maßnahmen

Die Risikokapitalausstattung der deutschen Wirtschaft muß verbessert werden. Dazu ist in erster Linie erforderlich, daß die Ertragskraft der Unternehmen gestärkt wird; denn ohne ausreichende Risikoprämie wird es kein neues Eigenkapital geben.
Die Eigenkapitalbildung in Unternehmen und die Aufnahme und Bereitstellung von Beteiligungskapital werden in der Bundesrepublik Deutschland aber auch durch eine Vielzahl institutioneller Hindernisse und steuerlicher Diskriminierungen übermäßig behindert. Die in den verschiedenen Rechtsgebieten angesiedelten Hemmnisse müssen beseitigt werden. Um größere Teile der Ersparnis der privaten Haushalte als Risikokapital zu mobilisieren, halten wir die folgenden Maßnahmen für notwendig.

1. *Gesellschaftsrechtliche Maßnahmen zur Verbesserung der Mobilität von Beteiligungstiteln:*

- Freies Veräußerungsrecht für Kommanditanteile und stille Beteiligungen als gesetzlicher Regelfall. Beschränkungen bleiben der vertraglichen Vereinbarung vorbehalten (vgl. S. 25–29).
- Aufhebung der Beurkundungspflicht bei Abtretung von Geschäftsanteilen an Gesellschaften mit beschränkter Haftung nach § 15 Abs. 3 GmbH-Gesetz (S. 31 f.).
- Freie Teilbarkeit für Geschäftsanteile an einer GmbH (S. 33 f.).
- Begrenzung der Nachhaftung beim Gesellschafterwechsel in bestimmten Fällen (S. 29).

2. *Abbau von mobilitätshemmenden Steuerlasten, die an die Veräußerungen anknüpfen*

- Trennung der vermögensteuerlichen Wertermittlung für Unternehmensanteile von am Markt erzielten Veräußerungspreisen (S. 40).
- Abschaffung der Kapitalverkehrsteuern (S. 34 f.).
- Hohe Steuern bei Veräußerung von Beteiligungen werden verringert, indem stille Reserven nicht mehr – etwa durch künstliche Abschreibungsvorteile – begünstigt werden; der »Zwang zur Selbstfinanzierung« soll gemindert werden (S. 36 f.).
- Aufhebung der Zurechnungsvorschriften nach § 15 Abs. 1 Nr. 2, 2. Halbsatz EStG für Kommanditisten und atypisch stille Gesellschafter. Hier liegt die entscheidende Voraussetzung für eine Veräußerung von Anteilen an einer Personengesellschaft an Arbeitnehmer. Eine Streichung der an die Mitunternehmerfiktion knüpfenden Zurechnungsvorschrift ist mindestens in den Fällen geboten, in denen die Beteiligungsquote niedrig ist und der Beteiligte keinen Einfluß auf die Geschäftsführung hat (S. 41–49). Die Verlustdurchrechnung muß bleiben.

3. *Beseitigung von Sonderlasten auf unternehmerische Tätigkeiten*

- Ersatz der Gewerbesteuer durch eine nicht speziell an die Unternehmenserträge anknüpfende Steuer.
- Aufhebung der Mehrfachbelastung mit Vermögensteuer bei Kapitalgesellschaften (S. 105).
- Gleichstellung von Arbeitnehmer- und Unternehmereinkommen bei der Ertragsbesteuerung. Bei gleichzeitiger allgemeiner Tarifsenkung sind die von der Höhe des Einkommens unabhängigen einseitigen Begünstigungen des Arbeitnehmereinkommens aufzuheben (z. B. Steuerfreiheit von Sonntags-, Feiertags- und Nachtarbeitszuschlägen, von Heirats- und Geburtsbeihilfen, von Abfindungen bei Auflösung des Dienstverhältnisses; Aufhebung von Weihnachtsfreibetrag, Arbeitnehmerfreibetrag und auch Freibetrag für freie Berufe, Begünstigungen bei der steuerlichen Behandlung von Beiträgen der Arbeitnehmer zur Risikovorsorge).

- Gleichbehandlung von Einkünften aus Eigenkapitaltiteln und anderen Kapitalanlagen durch Einführung einer Quellensteuer auf Zinseinkünfte, wobei für alle diese Einkünfte ein erheblicher Freibetrag vorgesehen werden kann, um die Vermögensstreuung zu fördern.
- Abbau der steuerlichen Diskriminierung schwankender Einkommen durch Einführung einer mehrperiodischen Durchschnittsbesteuerung. Kurzfristig kann die Beteiligung des Fiskus am Risiko durch eine zeitliche Ausdehnung des Verlustrücktrages verbessert werden.
- Aufhebung des Abzugsverbots von 50 % der betrieblich veranlaßten Aufwendungen für den Aufsichtsrat (S. 100).

4. *Rechtsformneutrale Besteuerung – freies Wahlrecht der Kapital- und Personengesellschaften für die Art der Besteuerung* (S. 41–49)

- Kapitalgesellschaften können wie Personengesellschaften besteuert werden und damit erreichen, daß Verluste ihren Anteilseignern steuerlich zugerechnet werden. Um neue Nachteile zu vermeiden, sollte in diesen Fällen auf eine Zurechnung, wie sie § 15 Abs. 1 Nr. 2, 2. Halbsatz EStG vorsieht, verzichtet werden.
- Personengesellschaften können wie Kapitalgesellschaften besteuert werden, um die Fungibilität der Anteile zu erhöhen. (Voraussetzung: volle Anrechenbarkeit der Körperschaftsteuer und Durchleitung steuerlicher Begünstigungen).

5. *Neues Marktsegment für den Handel von Unternehmensanteilen*

Einrichtung eines zusätzlichen Marktes für Beteiligungstitel, die bisher zur amtlichen Börsennotierung nicht zugelassen sind und vorzugsweise von kleinen und mittleren Unternehmen emittiert werden (S. 70–79). Alternativ wäre denkbar, das Börsensegment des geregelten Freiverkehrs neu zu organisieren. Wichtig ist, daß der Zugang zu dem neuen Marktsegment für Unternehmen, die nicht in der Rechtsform der Aktiengesellschaft betrieben werden, nicht wieder von vorneherein versperrt wird. Es ist Aufgabe der emissionswilligen Nichtaktiengesellschaften, die dabei eventuell auftretenden technischen Schwierigkeiten zu lösen. Zu den weiteren Grundzügen für den neu zu organisierenden Teilmarkt für Beteiligungskapital vgl. S. 80–84.

6. *Wiederbelebung der Aktienbörse für Neuemissionen*

- Vereinfachung und Erleichterung der Börsenzulassung; Festlegung eindeutiger Zulassungskriterien (S. 51–54, 58–62).
- Aufhebung des Prospektzwanges für Emissionen von Gesellschaften, die erweiterten und ständigen Publizitätspflichten unterworfen sind. Auch für weitere Emissionen bereits eingeführter Titel ist der Prospektzwang aufzuheben (S. 55 f.).
- Neue Formen für die Veröffentlichung des Börsenprospekts (S. 56–58).
- Verzicht auf die Prospekthaftung der Banken und Emissionsmakler (S. 65 f.).
- Zulassung selbständiger Emissionsmakler zum Emissionsgeschäft (S. 66 f.).

7. *Wiederbelebung der Aktie*

(1) Die unternehmensinterne Selbstfinanzierung gegen den Willen von Aktionären verhindert die optimale Kapitalallokation über den Markt. Sie begünstigt Fehleinschätzungen über die Ertragslage der Gesellschaft. Die interne Selbstfinanzierung muß behindert werden, soweit sie den Interessen von Aktionären widerspricht (S. 87–100). Dazu wird vorgeschlagen:
   - Die Möglichkeiten zur Bildung stiller Reserven werden eingeschränkt, soweit sie über den Grundsatz vorsichtiger Bewertung hinausgehen. Unterbewertungen von Beteiligungen sind zu korrigieren (S. 110 ff.).
   - Die Möglichkeit zur Bildung offener Reserven ohne Einwilligung der Aktionäre gemäß § 58 Abs. 2 Aktiengesetz wird aufgehoben. Der Grundsatz der Vollausschüttung des Jahresüberschusses wird

im Aktiengesetz für Gesellschaften, deren Anteile öffentlich gehandelt werden, festgeschrieben.

(2) Stimmrechtsvertreter in der Hauptversammlung müssen ihre Beziehungen zur Gesellschaft den vertretenen Aktionären vor Übertragung des Stimmrechts offenlegen (S. 104).

(3) Das Verfahren verstärkter Gewinnausschüttung und Emissionen neuer Aktien muß von steuerlichen Diskriminierungen befreit werden:
- In der Unternehmung steuerfrei erzielte Erträge bleiben auch bei Ausschüttung steuerfrei (Aufhebung der Ausschüttungsstrafsteuer, die bis zu 58,11 % der ausgeschütteten Beträge ausmachen kann (S. 118–122).
- Die gezahlte Körperschaftsteuer ist in vollem Umfang auf die persönliche Einkommensteuerschuld des Aktionärs anzurechnen (echte Teilhabersteuer).

Sachregister

Personenregister

Literaturverzeichnis

Albach, H.; Zur Versorgung der deutschen Wirtschaft mit Risikokapital, Bonn 1983

Albach, H.; Der Mittelstand muß neue Wege in der Beschaffung von Riskokapital gehen, in: Handelsblatt, Nr. 73 vom 11. April 1984

Angele, J.; Zahlungsschwierigkeiten 1982, in: Wirtschaft und Statistik, Heft 2/1983, S. 87–90

Bethmann, J. Ph. Freiherr v.; Hohe Gewinnausschüttungen und keine Bezugsrechte, in: FAZ, Nr. 247 vom 2. Nov. 1976, S. 21

Biedenkopf, K. H./Claussen, C. P. u. a.; Kölner Kommentar zum Aktiengesetz, Köln/Berlin/Bonn/München 1970

Breuel, B.; Vermögensbildung der Arbeitnehmer setzt Wahlfreiheit voraus, in: FAZ, Nr. 119 vom 25. Mai 1983, S. 14

Büschgen, H. E.; Zum Problem optimaler Selbstfinanzierungspolitik in betriebswirtschaftlicher Sicht, in: Zeitschrift für Betriebswirtschaftslehre, 38. Jg. (1968), S. 305–328

Büschgen, H. E.; Reformpläne für die deutschen Effektenbörsen, in: Blätter für Genossenschaftswesen, 114. Jg. (1968), S. 421–424 sowie 446–450

Büschgen, H. E.; Liegt der optimale Verschuldungsgrad bei 100 %?, in: Zeitschrift für Betriebswirtschaft, 48. Jg. (1978), S. 999–1006

Bundesrat; Entwurf eines Gesetzes zur Durchführung der Vierten Richtlinie des Rates der Europäischen Gemeinschaften zur Koordinierung des Gesellschaftsrechts (Bilanzrichtlinie-Gesetz), BR-Drucksache 61/82 vom 16. März 1982

Bundesrat; Gesetzantrag des Landes Niedersachsen, Entwurf eines Vermögensbildungsgesetzes zur Förderung von Arbeitnehmerbeteiligungen am Produktivvermögen, BR-Drucksache 239/82 vom 11. Juni 1982

Bundesregierung; Entwurf eines Gesetzes über den Vertrieb von Anteilen an Vermögensanlagen, BT-Drucksache 8/1405 vom 2. Jan. 1978

Bundesregierung; Regierungsentwurf zur Reform des Aktiengesetzes, BT-Drucksache IV/171, vom 3. 2. 1962

Costede, J.; Zentrale Fragen zum Steuerrecht gewerblicher Abschreibungsgesellschaften, in: Steuer- und Wirtschaft, 55. Jg. (1978), S. 23–38

Deutsche Bundesbank; Jahresabschlüsse der Unternehmen in der Bundesrepublik Deutschland 1965 bis 1976, Sonderdrucke der Deutschen Bundesbank Nr. 5, 2. Aufl., 1978

Deutsche Bundesbank; Geschäftsbericht der Deutschen Bundesbank für das Jahr 1981, Frankfurt am Main 1982

Deutsche Bundesbank; Geschäftsbericht der Deutschen Bundesbank für das Jahr 1983, Frankfurt am Main 1984

Deutsche Bundesbank; Ertragslage und Finanzierungsverhältnisse der Unternehmung im Jahre 1981, in: Monatsberichte der Deutschen Bundesbank, 34. Jg., Nov. 1982, S. 14–25

Deutsche Bundesbank; Der Aktienmarkt in der Bundesrepublik Deutschland und seine Entwicklungsmöglichkeiten, Monatsberichte der Deutschen Bundesbank, April 1984, S. 12

Deutscher Bundestag; Schriftlicher Bericht des Rechtsausschusses über die von der Bundesregierung eingebrachten Entwürfe a) eines Aktiengesetzes, b) eines Einführungsgesetzes zum Aktiengesetz, BT-Drucksache IV/171, nach Kropff, B., Aktiengesetz, Düsseldorf 1965, S. 76 f.

Engels, W.; Art. »Börsen und Börsengeschäfte«, in: Handwörterbuch der Wirtschaftswissenschaften (HdWW), 15. Jg., Stuttgart/Tübingen/Göttingen 1978, S. 56-69

Engels, W.; Die Aktie muß wiederentdeckt werden, in: FAZ, Nr. 32 vom 7. Febr. 1981, S. 13

Engels, W.; Thesenpapier zum Unternehmensrecht vom 17. Juli 1982, unveröffentlichtes Manuskript

Engels, W.; Industriefinanzierung im Wandel, unveröffentlichtes Manuskript

Engels, W./Stützel, W.; Teilhabersteuer, 2. Aufl., Frankfurt am Main 1968

Europäische Gemeinschaften; Richtlinie des Rates vom 5. März 1979 zur Koordinierung der Bedingungen für die Zulassung von Wertpapieren zur amtlichen Notierung an einer Wertpapierbörse, (Zulassungsrichtlinie), in: Amtsblatt der Europäischen Gemeinschaften, Nr. L/66/21-25

Europäische Gemeinschaften; Richtlinie des Rates vom 17. März 1980 zur Koordinierung der Bedingungen für die Erstellung, die Kontrolle und die Verbreitung des Prospektes, der für die Zulassung von Wertpapieren zur amtlichen Notierung an einer Wertpapierbörse zu veröffentlichen ist, (Prospektrichtlinie), in: Amtsblatt der Europäischen Gemeinschaften Nr. L 100/1-26

Flassbeck, H./Koll, W.; Kapital und Rendite, in: Wirtschaftswoche, Heft 21/1983, S. 72-78

Fleischer, E./Müller, A.; Stille Gesellschaft im Steuerrecht, 3. Aufl., Achim 1979

Fritsch, U.; Mehr Unternehmen an die Börse, Köln 1978

Fritsch, U.; Die Eigenkapitallücke in der Bundesrepublik, Köln 1981

Fritsch, U.; Ganz ohne Förderung geht die Aktie nicht, in: Handelsblatt Report zum Aktienforum '82, vom 22. Okt. 1982, S. 54-59

Freyer, E.; Die Kapitalbeteiligungsgesellschaft als Instrument der Wirtschaftspolitik, Frankfurt am Main 1981

Ganz-Holzmann, K./Gurke, M.; Anlegerschutz am grauen Kapitalmarkt, in: Der Betrieb, 36. Jg. (1983), S. 29-35

Geiser, J.; Zur Problematik der Wachstumsfinanzierung mittelständischer Industriebetriebe, Beiträge zur Mittelstandsforschung, Heft 53, Göttingen 1979

Gellner, B.; Wird die kleine und mittlere Unternehmung diskriminiert?, in: Volkswirtschaftliche Schriften, Heft 126, Berlin 1968, S. 45

Gericke, H.; Die Börsenzulassung von Wertpapieren, Wiesbaden 1961

Gerke, W.; Das Splitting von Konzerngesellschaften, in: Handelsblatt Report zum Aktienforum '82, vom 22. Okt. 1982, S. 88-91

Glätzner, A.; Die rechtliche Natur der Zulassung von Wertpapieren zum Börsenhandel, Diss. Greifswald 1904

Goerdt, D.; Strukturverbesserungen am Aktienmarkt dürften langfristig auch den Etat entlasten, in: Handelsblatt, Nr. 204 vom 22./23. Okt. 1982, S. B8-B9

Graf Lambsdorff, O.; Die Bedeutung der Aktie als Finanzierungsinstrument für die Wirtschaft, in: Zeitschrift für Unternehmens- und Gesellschaftsrecht, 10. Jg. (1981), S. 1-16

Herlitz, P.; Der Gang an die Börse, in: Zeitschrift für das gesamte Kreditwesen, 35. Jg. (1982), S. 172-175

Hopt, K. J.; Inwieweit empfiehlt sich eine gesetzliche Regelung des Anlegerschutzes? (Diskussionsbeitrag), in: Verhandlungen des 51. Deutschen Juristentages, Band II (Sitzungsberichte) Teil P, S. P86-P89

Industrie- und Handelskammer zu Aachen; Jahresbericht 1981, Aachen 1982

Jacobs, P.; Die Zulassung von Wertpapieren zum Börsenhandel, Berlin 1914

Jahr, G./Stützel, W.; Rentenempfänger oder Gesellschafter, in: Der Volkswirt, 17. Jg. (1963), S. 1248–1251

Kartte, W.; Die Sicht des Bundeskartellamtes zum Wettbewerb in der Kreditwirtschaft, in: bank und markt, 10. Jg. (1981), S. 5–11

Klages, J.; Die Richtlinie der EG über den Börsenzulassungsprospekt, Baden-Baden 1981

Kniehl, H.-J.; Praktische Erfahrungen mit der Emission von Aktien, in: Unternehmensfinanzierung heute, Neue Chancen für die Aktie, hrsg. von Mühlhaupt, L./Wielens, H., Frankfurt am Main 1978, S. 227–246

Kruschwitz, L.; Kritische Einkommensteuersätze für die Schütt – aus – Hol – zurück Politik nach dem Körperschaftsteuergesetz 1977, in: Der Betrieb, 36. Jg. (1983), S. 683–686

Kübler, F.; Transparenz am Kapitalmarkt, in: Die Aktiengesellschaft, 22. Jg. (1977), S. 85–92

Kübler, F.; Unternehmensstruktur und Kapitalmarktfunktion – Überlegungen zur Krise der Aktiengesellschaft, in: Die Aktiengesellschaft, 26. Jg. (1981), S. 5–13

Kurze, T.; Genußscheinkapital als haftendes Eigenkapital, in: Zeitschrift für das gesamte Kreditwesen, 20. Jg. (1978), S. 987–989

Kutzer, H.; »Wenn die Aktie verlorengeht, ändert sich unser System« – Handelsblatt Gespräch mit Dr. F. Wilhelm Christians, in: Handelsblatt, Nr. 247 vom 23. Okt. 1980, S. 4

Lenners, U.-J.; Die Haftung des Anlageberaters, in: Bankinformation, Heft 9/1982, S. 32 f.

Lutter, M.; Mehr Rechte für die Kleinen, in: Handelsblatt Report zum Aktienforum '82, vom 22. Okt. 1982, S. 74–79

Martin, P.; Die Zukunft findet an deutschen Wertpapierbörsen bisher kaum statt, in: Handelsblatt, Nr. 204 vom 22./23. Okt. 1982, S. B13

Martin, P.; Neu an der Börse, in: Handelsblatt, Nr. 9 vom 14. Jan. 1982, S. 6

Mertens, H. J.; Inwieweit empfiehlt sich eine gesetzliche Regelung des Anlegerschutzes? (Referat), in: Verhandlungen des 51. Deutschen Juristentages, Band II (Sitzungsberichte), Teil P., S. P10–P50

Mettler, M.; Die Voraussetzungen der Börsenzulassung von Wertpapieren, Diss. Zürich 1978

Mitschke, J.; Steuer- und Transferordnung aus einem Guß. Kommissionsvorlage für das Frankfurter Institut für wirtschaftspolitische Forschung e. V., Frankfurt 1982

Moxter, A.; Eigenkapitalmessung – Möglichkeiten und Grenzen, in: Eigenkapital und Kapitalmarkt, hrsg. von Bruns, G./Häuser, K., Frankfurt am Main 1978, S. 80–94

Muthesius, P.; Neue Aktiengesellschaften, in: Zeitschrift für das gesamte Kreditwesen, 30. Jg. (1977), S. 549 f.

Närger, H.; Finanzanlagen auf dem Holzweg, in: Handelsblatt Report zum Aktienforum '82, vom 22. Okt. 1982, S. 26–29

Oppenheim, A. Freiherr v.; Chancen für die Aktie, in: Handelsblatt Report zum Aktienforum '83, vom 22. Oktober 1983, S. 3

O. V.; Der Schub beginnt beim Wohnungsbau, in: impulse, Nr. 11/1982, S. 10–15

O. V.; Anrufung des Großen Senats: Einkommen- oder körperschaftsteuerliche Erfassung einer GmbH & Co. KG, deren Gesellschafter nur eine GmbH ist, in: Der Betrieb, 35. Jg. (1982), S. 2329

O. V.; Aktiengesellschaften in der Schweiz, in: FAZ, Nr. 98 vom 28. April 1982, S. 13

O. V.; Das Risiko der Vermögensanlage in Aktien soll sich wieder lohnen, in: Handelsblatt, Nr. 205 vom 25. Okt. 1982, S. 5

O. V.; Die Deutsche Bank hat ihre Stellung entscheidend verbessert, in: FAZ, Nr. 76 vom 31. März 1983, S. 15

Pabst, R.; Prospektzwang und Prospekthaftung in den sechs Gründerstaaten der EWG und der Schweiz, Diss. Mainz 1972
Pütz, P./Meyerhöfer, W.; Hemmnisse und Hilfen für Unternehmensgründungen, in: Untersuchungen des Instituts für Wirtschaftspolitik an der Universität zu Köln, Nr. 52, Köln 1982

Rentrop, F.; Aktiengesellschaft noch immer außer Dienst?, in: Der Selbständige, Heft 9/10 1983, S. 2 und 5
Ritter, W.; Xenophobie des Fiskus, in: Handelsblatt Report zum Aktienforum '82, vom 22. Okt. 1972, S. 64–67
Röller, W.; Nur der Fiskus profitiert von der Steuerreform, in: Handelsblatt Report zum Aktienforum '82, vom 22. Okt. 1982, S. 22–25
Röller, W.; Eine Lanze für den geregelten Freiverkehr, in: Handelsblatt, Nr. 77 vom 17. April 1984, S. 8

Sachverständigenrat zur Begutachtung der gesamtwirtschaftlichen Entwicklung; Jahresgutachten 1979/80, BT-Drucksache 8/2313 vom 23. Nov. 1978
Sachverständigenrat zur Begutachtung der gesamtwirtschaftlichen Entwicklung; Jahresgutachten 1982/83, BT-Drucksache 9/2118 vom 23. Nov. 1982
Sachverständigenrat zur Begutachtung der gesamtwirtschaftlichen Entwicklung; Jahresgutachten 1983/84, BT-Drucksache 10/669 vom 24. Nov. 1983
Sachverständigenrat zur Begutachtung der gesamtwirtschaftlichen Entwicklung; Zur wirtschaftlichen Lage im Oktober 1982, Sondergutachten vom 9. Oktober 1982
Schafhausen, F.; Die Auswirkungen der Körperschaftsteuerreform auf die Finanzierungspolitik der Kapitalgesellschaften, Opladen 1980
Schillert, U./Molsberger, J.; Vermögenspolitik und Eigenkapitalversorgung mittelständischer Unternehmen, in: Untersuchungen des Instituts für Wirtschaftspolitik an der Universität zu Köln, Nr. 36, Köln 1976
Schlesinger, H.; Wenn Unternehmen an Auszehrung leiden – Mehr Risikokapital ist notwendig, in: FAZ, Nr. 269 vom 20. Nov. 1982, S. 15
Schmidt, H.; Mehr Unternehmen an die Börse durch differenzierte Marktorganisation, in: Hanseatische Wertpapierbörse Hamburg, Jahresbericht 1981, Hamburg 1982, S. 4–17
Schmidt, R.; Gewinnverteilung, in: Handelsblatt Report zum Aktienforum '82, vom 22. Oktober 1982, S. 92–94
Schmidt, R., Rendite und Mitspracherecht müssen stimmen, in: Handelsblatt, Nr. 69 vom 5. April 1984, S. B 1 f.
Schneider, D.; Ausschüttungsfähiger Gewinn und das Minimum an Selbstfinanzierung, in: Zeitschrift für betriebswirtschaftliche Forschung, 20. Jg. (1968), S. 1–29
Schüller, A.; Eigentumsrechte, Unternehmenskontrollen und Wettbewerbsordnung, in: ORDO Jahrbuch für die Ordnung von Wirtschaft und Gesellschaft, Band 30, Stuttgart/New York 1979, S. 325–346
Schürmann, W.; Familienunternehmen und Börse, Wiesbaden 1980
Schwark, E.; Börsengesetze, München 1976
Schwartz, E.; Anlegerschutz durch Wirtschaftsrecht, in: Schriften des Instituts für Arbeitsrecht und Wirtschaftsrecht der Universität zu Köln, Band 40, München 1979
Schwilling, W.; Renaissance der Aktie? – Aus der Sicht des Anlegers, in: Unternehmensfinanzierung heute – Neue Chance für die Aktie, hrsg. von Mühlhaupt, L./Wielens, H., Frankfurt 1978, S. 36–42
Seipp, W.; Das Interesse der Banken an einer soliden Eigenkapitalausstattung der Unternehmen, in: trend – Zeitschrift für Soziale Marktwirtschaft, Heft 16/1983, S. 12–17
Seipp, W.; Ein Zweitmarkt könnte den Zugang zur Börse erleichtern, in: Handelsblatt, Nr. 251 vom 30./31. 12. 1983, S. 15
Siemens AG; Bericht über das Geschäftsjahr vom 1. Oktober 1981–30. September 1982
Simmert, D. B.; Banken-Reform oder Verstaatlichung, in: aus politik und zeitgeschichte, Heft 23/1975 vom 6. Juni 1975, S. 24

Statistische Beihefte zu den Monatsberichten der Deutschen Bundesbank; Reihe 2 Wertpapierstatistik, 1/1983
Staudt, E.; Publizität der börsennotierten Aktiengesellschaften in Deutschland und Frankreich, Karlsruhe 1972
Strömer, J.; Ausschüttungspolitik und Unternehmenswert von Publikumsgesellschaften, Diss. Frankfurt a. M./Zürich 1973
Stützel, W.; Aktienrechtsreform und Eigentumsbildung, in: die Aussprache, 9. Jg. (1959), S. 231–235
Stützel, W.; Die Aktie im Wandel der Zeiten – Die Aktie als Instrument der Industrieverflechtung, in: Finanzierung in der öffentlichen und privaten Wirtschaft, hrsg. von Deutsche Gesellschaft für Betriebswirtschaft, Berlin 1959, S. 59–70
Stützel, W.; Steuersystem und Kapitalverkehr, in: Die Aussprache, 16. Jg. (1966), S. 135–143
Stützel, W.; Die aktuelle Diskussion: Teilhabersteuer – ein realistischer Reformvorschlag?, in: Steuer-Kongreß-Report 1969 hrsg. v. der Bundeskammer der Steuerbevollmächtigten, München 1969, S. 320–337
Stützel, W.; Inwieweit empfiehlt sich eine allgemeine gesetzliche Regelung des Anlegerschutzes?, in: Zeitschrift für das gesamte Kreditwesen, 29. Jg. (1976), S. 1060–1064
Stützel, W.; Die Aktie und die volkswirtschaftliche Risiken – Allokation, in: Geld und Versicherung, Festgabe für Wilhelm Seuss, hrsg. von Jung, M./Lucius, R.-R./Seifert, W. G., Karlsruhe 1981, S. 193–211
Swoboda, P.; Art »Finanzierung I: Theorie«, in: HdWW, 26./27. Lieferung, Stuttgart/Tübingen/Göttingen 1980, S. 18–31

Thormatzlen, T./Mischalk, J.; Leiden die deutschen Unternehmen an mangelnder Eigenkapitalausstattung?, in: Wirtschaftsdienst, Heft 2/1983

Vollmer, L.; Mehrheitskompetenzen und Minderheitenschutz bei der Gewinnverwendung nach künftigem GmbH-Recht, in: Der Betrieb, 36. Jg. (1983), S. 93–96
Vormbaum, H.; Sicherung der Unternehmensfinanzierung durch Schaffung neuer Kapitalanlageformen und Risikostrukturen, erweiterter Arbeitsbericht, Stand Oktober 1983

Walz, W. R.; Empfiehlt sich eine rechtsformunabhängige Besteuerung der Unternehmen? Gutachten F. für den 53. Deutschen Juristentag, München 1980
Willgerodt, H.; Flucht vor der Verantwortung und Elitenverschleiß als mögliche Gefahren für die Soziale Marktwirtschaft, in: Wirtschaftspolitische Chronik (jetzt: Zeitschrift für Wirtschaftspolitik), 15. Jg. (1966), S. 135–158
Willgerodt, H.; Von der Macht des Kapitals – Mythen und Wirklichkeit, in: Christian Watrin, Hans Willgerodt (Hrsg.), Widersprüche der Kapitalismuskritik, Bern und Stuttgart 1976, S. 11–59
Willgerodt, H.; Unsere passive Leistungsbilanz, in: Zeitschrift für Wirtschaftspolitik, 30. Jg. (1981), S. 189–205
Willgerodt, H./Pütz, P.; Eigenkapitalschwäche, in: trend-Zeitschrift für Soziale Marktwirtschaft, Heft 16/1983, S. 45–47
Wissenschaftlicher Beirat beim Bundeswirtschaftsministerium; Selbstfinanzierung bei verlangsamtem wirtschaftlichem Wachstum, Gutachten vom 16. Februar 1963, in: Der Wissenschaftliche Beirat beim Bundeswirtschaftsministerium, 6. Band, Göttingen 1966, S. 41–45
Wissenschaftlicher Beirat beim Bundesminister der Finanzen und Wissenschaftlicher Beirat beim Bundeswirtschaftsministerium; Kapitalmarkt und Besteuerung, Gemeinsames Gutachten vom 26. Jan. 1958, in: Der Wissenschaftliche Beirat beim Bundeswirtschaftsministerium, 5. Band, Göttingen 1961, S. 35–48

Bruno Molitor

Der Sozialstaat auf dem Prüfstand

Schon Nietzsche sprach von dem »unsinnig dicken Staatsbauch« und diagnostizierte ihn als typische Schwäche der europäischen Demokratien. Indes, muß das so sein? Nach dem Gesetz, nach dem der demokratische Rechtsstaat antrat, war eher das Gegenteil zu erwarten. Erst seitdem die Politik unter die Fuchtel der »kommandierenden« Gleichheitsdoktrin geriet, befinden wir uns auf der abschüssigen Bahn. Das zeigt sich am Beispiel der Finanz- und Sozialpolitik ebenso wie in der Entwicklungspolitik. Der Slogan, hier überall »mehr Demokratie zu wagen« hat nur die »Unregierbarkeit« gefördert. Den freiheitlichen Rechtsstaat vor solchen Erosionsgefahren abzusichern, ist das Gebot der Stunde.
Freilich kann das nur gelingen, wenn die Aufklärung nicht vor dem modischen Sozialmythos halt macht. Die Vokabel »sozial« beherrscht die zeitgenössische Begriffswährung. Aber wie das Geld gewinnt auch eine Sprachmünze sicherlich nicht an Wert, wenn man sie inflationiert. Der gängige Sozialmythos ist alles andere als ein bekömmlicher Mythos. Und das, wie die Erfahrung lehrt, weder in moralischem noch in wirtschaftlichem Betracht. Auch kann keine Rede davon sein, daß die Sozialklausel des Grundgesetzes einen Umverteilungsstaat der heutigen Art und des heutigen Ausmaßes forderte. Eine Reform ist überfällig. Der Autor zeigt hier zentrale Ansatzpunkte auf.

1984, 59 S., Salesta brosch., 18,– DM
ISBN 3-7890-0995-4

Nomos Verlagsgesellschaft
Postfach 610 · 7570 Baden-Baden

G. Kirsch/K. Mackscheidt/Ph. Herder-Dorneich/W. Dettling

Jenseits von Markt und Macht

Eine Ordnung für den Menschen

Konjunkturkrise oder Strukturkrise der Wirtschaft – sind das vielleicht nur Symptome einer Identitätskrise des Menschen in der Wirtschaftsgesellschaft?
Der vorliegende Band analysiert die Krise und umreißt zugleich die Horizonte einer »Ordnung für den Menschen« – nicht gegen Staat und Marktwirtschaft, wohl aber »jenseits von Markt und Macht«.
»Heute zeigen sich überall Spuren, die aus einer bloßen Wirtschaftsgesellschaft und dem Wohlfahrtsstaat hinauslaufen. Alternativ leben bedeutet für viele, weit über die ›Alternativ-Szene‹ hinaus, ganz einfach: anders leben, nicht aber als Wirtschaftssubjekte und Wohlfahrtsempfänger, als Anbieter und Nachfrager, als Ausübende und Erleidende von Macht funktionieren. Die Frage ist, ob diese Sehnsucht schlicht zu einer Zerstörung der sozialen, wirtschaftlichen und politischen Lebensbedingungen führt, oder aber ob es gelingt, die Gesellschaft so zu gestalten, daß sich die Menschen wieder mehr begegnen, sich einbringen und empfangen, schenken und sich beschenken lassen können, als dies ihnen bisher möglich schien.«
»Wir halten es für ein normatives Postulat, die Gesellschaft so zu gestalten, daß möglichst viele Menschen sich auch unmittelbar – also nicht ausschließlich über die Vermittlung von Markt und Staat – begegnen und ›austauschen‹ können. Wir wollen eine Gesellschaft mit menschlich reicheren Möglichkeiten.«

1982, 79 S., 15,3 x 22,7 cm, Salesta brosch., 19,– DM
ISBN 3-7890-0833-8

Nomos Verlagsgesellschaft
Postfach 610 · 7570 Baden-Baden